크리스천 직장인을 위한 기도서

출근길
퇴근길
3분 기도

김경수 지음

드림북

출근길 퇴근길 3분 기도

· **초판 1쇄 발행** 2018년 1월 28일

· **지은이** 김경수
· **펴낸이** 민상기
· **편집장** 이숙희
· **디자인** 민다슬
· **펴낸곳** 도서출판 **드림북**
· **인쇄** 남성문화사   ·**제본** 영광문화사
· **총판** 하늘유통(031-947-7777)
· **등록번호** 제 65 호 · **등록일자** 2002. 11. 25.
· 경기도 의정부시 가능1동 639−2(1층)
· Tel (031)829−7722, Fax(031)829−7723

직장인을 위한 기도

직장인에게 가장 좋은 기도는 출근하면서 하는 기도이다. 직장에 출근 할 때 하루의 기대와 설레임을 안고 출근하기에 하루하루가 새 힘을 얻을 수가 있다.

대부분 직장인의 기도는 두 가지이다.

가정과 직장, 자신의 안전과 미래를 위한 기도이다. 이런 기도가 모여서 자신에게 힘을 주고 용기를 주는 것이다. 이런 기도로 기도의 성자 죠지뮬러는 무려 3만 번이나 기도의 응답을 받은 것이다. 이처럼 기도의 승패는 꾸준함에 있는 것이다.

누구든지 기도를 중단하지 말기 바란다. 응답받을 때까지 끝까지 기도하라. 주실 때까지 구하기 바란다. "구하는 이마다 받을 것이요 찾는 이가 찾을 것이요 두드리는 이에게 열릴 것이니라"(눅 11:10). 하나님 앞에 간구한 만큼 이루어질 것이다. 직장생활을 하면서 이 책을 가까이 두고 기도함으로 영혼이 잘되고 범사가 잘되기를 바란다.

김 경 수

목 차

제3장 직장 각 모임에서 기도

제4장 직장에서 각종 모임을 위한 기도

※ 이 책을 이렇게 사용 하십시오

1. 자신을 위해 기도하고 싶을 때 언제나 사용 하십시오.
2. 이 책을 아침, 저녁, 직장에 출퇴근해서 읽어 주십시오.
3. 성경 말씀과 함께 읽으면 더 효과가 있습니다.
4. 기도문에서 아이디어를 얻어서 더 풍성하게 기도 하십시오.
5. 기도가 안 될 때에도 읽어 주십시오.
6. 이 기도문 외에도 일상생활에 필요한 기도를 자유롭게 첨가하십 시오.
7. 기도문은 읽기 위한 기도문이 아니라, 기도하기 위한 기도문인 것 을 항상 마음에 두고 기도하십시오.
8. 기도문에는 일상적인 기도(자녀, 가정, 부모님, 직장, 신우회, 교회, 식사기도, 병문안, 애경사, 위로)가 들어 있습니다.
9. 긍정의 명언을 읽으면 좋은 하루가 밝아집니다.
10. 출근길, 퇴근길에서는 자신의 기도를 첨가하여 기도하십시오.

제1장

출근길 – 자신을 위한 기도

우리의 기도는 지칠 줄 모르는 힘과 거부될 수 없는 인내와
꺾여지지 않는 용기로 강하게 구해야 한다. _ 이 엠 바운즈

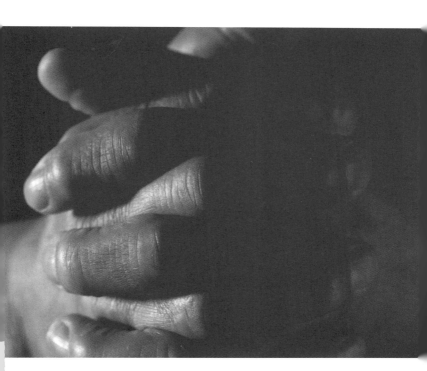

현실을 두려워하지 않는 기도

내가 사망의 음침한 골짜기로 다닐지라도 해를 두려워하지 않을 것은 주께서 나와 함께 하심이라 주의 지팡이와 막대기가 나를 안위하시나이다 (시편 23:4)

우리를 소망으로 인도하시는 하나님,

새로운 날을 맞이하여 직장에 출근하게 하시고 일하게 하시니 감사를 드립니다. 이 시간 부족한 종에게 찾아오시어서 인자와 긍휼로 관을 씌우시며 좋은 것으로 소원을 만족케 하게 하여 주시옵소서. 직장에서 일할 때에 어떤 어려움에 처하든지 낙심하지 않게 하시고 다시 일어나서 희망과 믿음을 갖게 하여 주시옵소서. 결국 믿음이 승리 한다는 것을 알게 하여 주시옵소서. 그러나 저희가 때때로 경제적으로 어려울 때에 물질이 승리하는 줄 알고 물질을 좇았으며 명예가 승리하는 줄 알고 명예를 좇기도 했습니다. 이제는 큰 믿음을 갖게 하시고 현실을 두려워하지 않게 하여 주시옵소서.

사랑의 주님,

이 시간 저희들은 무거운 짐을 짊어지고 있습니다. 업무의 무거운 짐과 건강의 연약함, 걱정 근심이 많습니다. 이 무거운 짐을 주님 앞에 내려 놓사오니 맡아 주시고 가볍게 하여 주시옵소서. 저희의 짐을 맡아 주시옵소서. 회사에서 새로운 업무를 할 때에도 현실에 두려워하지 않게 하시고 넉넉하게 이기면서 감당하게 하여 주시옵소서. 또한 새로운 일을 할 때 참 평안을 주시어서 업무에 찌들지 않도록 지혜를 주시옵소서. 그때마다 하나님께서 함께 하여 주시어서 승리하게 하여 주시옵소서. 참 자유와 마음의 평안을 주시옵소서. 사랑이 많으신 예수님의 이름으로 기도합니다. 아멘

긍정의 한마디

'할 수 있다'고 말하다 보면, 결국 실천하게 된다 _사이먼 쿠퍼

출근길 나의 기도

은혜를 구하는 기도

비판하지 말라 그리하면 너희가 비판을 받지 않을 것이요, 정죄하지
말라 그리하면 너희가 정죄를 받지 않을 것이요, 용서하라 그리하면
너희가 용서를 받을 것이요 (눅 6:37)

사랑과 은혜가 풍성하신 하나님,

오늘 하루도 새롭게 시작하게 하시니 감사합니다. 오늘도
직장에 출근하여 기도하오니 복에 복을 내려 주시옵소서. 반복
되는 업무 속에서 짜증 내지 않게 하시고 매일 새로운 일을 하
는 마음으로 맡겨진 업무를 잘 감당하여 좋은 실적을 내게 하
여 주시옵소서. 저희들 하나님의 뜻대로 산다고 하였지만 많이
빗나갔음을 고백합니다. 저희를 용서하시고 정결하게 살기를
원합니다. 마음은 원이로되 육신이 약하여 죄를 짓고 회개하오
니 저희를 용서하여 주시옵소서. 십자가의 보혈로 정결하게 하
여 주시고 저희의 삶을 지켜 주시옵소서. 하루하루 말씀과 성
령으로 거듭나고 깨끗해져서 하나님의 사람으로서 살게하여
주시옵소서. 우리의 반석이시며 피할 바위이시며 피난처이신
주님, 오늘 하루도 저희와 함께 하여 주시니 감사합니다. 세상

은 어둡고 혼란스럽습니다. 용기를 가지고 활기찬 하루가 되게 하시고 그리스도 예수의 사람으로서 성령이 충만하여 지혜와 사랑, 은혜와 권능을 가지고 즐거워하며 살게하여 주시옵소서. 열매 맺는 생활이 되게 하시고 만나는 사람들에게 친절을 베풀며 관용하며 이해하고 존중해가는 성품을 가지고 살게하여 주시옵소서. 사랑이 많으신 예수님의 이름으로 기도 합니다. 아멘.

긍정의 한마디

할 수 있는 것도, 할 수 없다고 생각하면 할 수 없다. 할 수 없는 것도, 할 수 있다고 믿기에 할 수 있는 것이다 _미야케 세츠레이

출근길 나의 기도

산 소망을 구하는 기도

내 영혼아 네가 어찌하여 낙심하며 어찌하여 내 속에서 불안해하는
가 너는 하나님께 소망을 두라 (시편 42:5)

거룩하고 사랑이 많으신 하나님,

주님의 은혜로 오늘 하루도 새로운 마음으로 시작하게 하시
고 새 소망과 기쁨을 주시니 감사를 드립니다. 저희들 죄와 허
물로 죽었다가 주의 은혜로 다시 태어나 새로운 피조물이 되었
사오니 오셔서 우리에게 주의 사랑으로 새 힘을 주시옵소서.

사랑의 주님, 저희들 은혜를 입었사오니 하나님의 그 은혜
에 보답하며 살게하여 주시옵소서. 과거를 다 잊어버리고 새
롭게 살게하여 주시옵소서. 사랑으로 살게하여 주시옵소서.
용서하며 살게하여 주시옵소서. 성결하게 살게하여 주시옵소
서. 나누어주며 살게하여 주시옵소서. 감사하며 살게하여 주
시옵소서.

우리를 위해서 채찍에 맞으시고 십자가에서 고난당하신 예
수님, 양손과 양발에 못이 박혀 고통당하신 것은 저희의 죄악

을 인함이었습니다. 허리에 창을 받으신 것은 죽음을 청산하시고 영원한 천국의 소망을 주시기 위함이었고, 채찍에 맞으신 것은 저희의 질병을 인함입니다. 저희들이 주님의 뜻에 순복하는 종들이 되게 하시고 주님 때문에 산 소망을 얻었사오니 저희들에게 소망을 주시고 용기를 주시어서 오늘도 주님 바라보며 살게하여 주시옵소서. 그리하여 시냇가에 심은 나무처럼 때를 따라서 열매를 맺는 일꾼이 되게 하여 주시옵소서. 예수님의 은혜를 언제나 감사하며 정결하게 사는 성도가 되게 하여 주시옵소서. 사랑이 많으신 예수님의 이름으로 기도합니다. 아멘.

긍정의 한마디

하루하루를 어떻게 보내는가에 따라 우리의 인생이 결정된다
_애니 딜러드

출근길 나의 기도

주님의 뜻을 이루는 기도

내 아들 솔로몬아 너는 네 아버지의 하나님을 알고 온전한 마음과
기쁜 뜻으로 섬길지어다 여호와께서는 모든 마음을 감찰하사 모든
의도를 아시나니 네가 만일 그를 찾으면 만날 것이요 만일 네가 그를
버리면 그가 너를 영원히 버리시리라 (역대상 28:9)

은혜가 풍성하신 하나님,

오늘 하루도 직장에 출근하여 먼저 머리를 숙이고 기도합니
다. 날마다 믿음으로 산다고 하지만 의지가 약하여 넘어질 때
가 많습니다. 넘어지지 않도록 큰 믿음을 주시고 강한 팔로 붙
들어 주시옵소서. 날마다 하나님의 은혜를 구하지만 현실에 부
딪치다 보면 내가 그리스도인이라는 것을 잊어버리고 살 때가
너무나 많습니다. 의심하고, 불신자 같이 살아가는 종을 긍휼
히 여겨 주시옵소서.

사랑의 주님, 저는 죄인입니다. 부족한 저를 용서하여 주시
고 하나님의 은혜로 새 힘을 얻고 담대히 살게하여 주시옵소
서. 이 시간 평안을 주시옵소서. 모든 죄를 주님의 십자가 보혈
로 씻어 주시옵소서. 주님의 용서함을 받은 저희들 이제 이웃

을 용서하며 살기 원합니다. 그러나 저희 힘으로는 부족합니다. 용서할 수 있는 힘을 주시옵소서. 그리고 하나님의 뜻을 생활 속에 실천하게 하여 주시옵소서.

하나님의 은혜로 저희들 지금까지 지내왔습니다. 거친 들을 지나고 광야에서 고통당하기도 했습니다. 때로는 원망하면서 살아왔습니다. 고통스러웠기에 남에게 관대하지 못했습니다. 이런 저를 긍휼히 여기시고 주님의 은혜로 감싸시며 다시 한 번 붙잡아 주시옵소서. 오늘 주님이 주신 용기 가지고 축복하며 살게 해 주시옵소서. 사랑이 많으신 예수님의 이름으로 기도합니다. 아멘.

긍정의 한마디

"반드시 해야 하는 일부터 하라, 그런 다음 할 수 있는 것을 하라.
_성 프란체스코

출근길 나의 기도

희망을 구하는 기도

나는 항상 소망을 품고 주를 더욱더욱 찬송하리이다 (시편 71:14)

　사랑과 긍휼이 풍성하신 하나님,

　오늘 하루도 직장에 출근하여 하나님께 감사 기도를 드립니다. 하루하루 직장 생활을 하지만 희망이 보이지 않을 때가 많습니다. 어느 때는 희망이 없는 것 처럼 비정하게 느껴지기도 합니다. 그러나 하나님의 말씀으로 다시 용기를 얻고 시작하오니 저희들에게 용기와 믿음을 주시옵소서. "저녁에는 울음이 깃들일지라도 아침에는 기쁨이 오리로다"고 말씀하셨사오니 이 말씀 붙들고 나갈 때 희망이 생기게 하시고 주님의 축복과 평안이 이 아침에 오게 하여 주시옵소서.

　새로운 아침입니다. 먼저 부족한 종이 회개할 것은 회개하고 벗어던질 것은 벗어던지고 담대히 살게하여 주시옵소서. 네 짐을 여호와께 맡겨 버리라 너를 붙드시고 의인이 요동함을 영영히 허락지 아니하겠다고 말씀하셨으니 이 말씀을 믿고 어떤 상황에서도 두려워하지 않게 하여 주시옵소서. 이 무거운 생활의 짐도 주님 앞에 맡깁니다. 수고하고 무거운 짐 진 자들아 다 내게로 오라 내가 너희를 쉬게 하리라고 주님께서 말씀하신대로 이 짐을 내려 놓습니다. 이 무거운 저희들의 짐을 받아주시고 평안과 용기를 주시옵소서. 내일의 희망을 열어 주시옵소서. 앞날을 보여 주시옵소서. 장래가 복되게 하여 주시옵소서. 사랑이 많으신 예수님의 이름으로 기도합니다. 아멘.

긍정의 한마디

스스로 할 수 있거나 꿈꾸는 일이 있거든 당장 추진하라. 대담함 속에는 재능과 힘과 신비함이 모두 깃들어 있다._괴테

출근길 나의 기도

매월 출근길 6일 기도

문제를 해결하는 기도

예수께서 들으시고 놀랍게 여겨 따르는 자들에게 이르시되 내가 진실로 너희에게 이르노니 이스라엘 중 아무에게서도 이만한 믿음을 보지 못하였노라 (마태복음 8;10)

사랑과 은혜가 풍성하신 하나님,

오늘도 직장에 출근하여 머리를 숙이고 기도합니다. 오늘 하루도 주님께서 함께 하지 아니하시면 저희는 아무 것도 할 수 없음을 고백합니다. 저희를 긍휼히 여겨 주시옵소서. 저희는 약하고 부족합니다. 그러나 주님께서 저희를 강하고 의롭게 하셨으니 내일을 향해 나아가는 저희가 되게 하여 주시옵소서.

골리앗을 물리친 다윗에게 능력을 주신 것처럼 부족한 종에게도 골리앗 같은 문제를 믿음으로 현실을 극복하게 하시고 주님의 영광을 드러내게 하여 주시옵소서. 더욱이 이 어려운 시기를 살아갈 수 있는 지혜를 주시고 마음의 평안을 주시옵소서. "오라 우리가 여호와께로 돌아가자 여호와께서 우리를 찢으셨으나 도로 낫게 하실 것이요 우리를 치셨으나 싸매어주실 것임이라. 여호와께서 이틀 후에 우리를 살리시며 셋째날에 우리를 일으키시리니 우리가 그 앞에서 살리라"고 말씀하셨사오니 말씀처럼 저희의 연약함을 회복하여 주시옵소서. 저희에게 많은 어려움이 있지만 회복시켜 주실 줄 믿습니다. 용기를 주시옵소서. 희망을 주시옵소서. 사랑이 많으신 예수님의 이름으로 기도합니다. 아멘.

긍정의 한마디

할 수 없는 것이 할 수 있는 것을 방해하지 못하도록 하라. _존 우든

출근길 나의 기도

어려움을 이기는 기도

주 여호와여 주는 나의 소망이시요 내가 어릴 때부터 신뢰한 이시라.
나는 항상 소망을 품고 주를 더욱더욱 찬송하리이다 (시편 71:5, 14)

사랑과 긍휼이 풍성하신 하나님,

너희가 세상에서 환난을 당하나 담대하라고 하신 것처럼 오늘도 어려움 속에서 기도를 시작합니다. 이 시간 찾아오시어서 저희들의 기도를 들어 주시옵소서.

때로는 앞이 보이지 않아서 낙심될 때 많습니다. 마음속에서 불안이 엄습 할 때 기도하지만 믿음이 부족하여 흔들리고 방황을 합니다, 믿음 없는 저희들을 지켜 주시옵소서. 저희들이 연약 할 때 찬송을 하지만 불안 합니다. 이 시간 저희들에게 찾아 오셔서 장래 일을 보여 주시옵소서.

이스라엘 백성을 낮에는 구름 기둥으로 밤에는 불기둥으로 인도하신 것처럼 강 한 팔로 붙잡으시고 인도하여 주시옵소서. 저희에게 산 소망을 주시옵소서. 어렵고 힘들지만 소망을 잃지 않게 하여 주시옵소서.

고통이 밀려온다고 좌절하지 않게 하시고 굳건히 예수님을 붙들고 앞으로 나 갈수 있게 하여 주시옵소서 "그런즉 바람이 불어 하늘이 말끔하게 되었을 때 그 밝은 빛을 아무도 볼 수 없느니라"고 말씀하셨듯이 오늘 저희에게 이 말씀이 이루어지게 하시고 참된 평안을 얻게 하여 주시옵소서. 그리하여 어떤 어려움에도 강하고 담대하게 하시고 온전히 주님을 의지하면서 앞으로 나가게 하여 주시옵소서. 믿음으로 승리하도록 인도하여 주시옵소서. 사랑이 많으신 예수님의 이름으로 기도합니다. 아멘.

긍정의 한마디
변명 중에서 가장 어리석고 못난 변명은 "시간이 없어서"라는 변명이다.
_ 에디슨

출근길 나의 기도

질병을 치유하는 기도

이르시되 너희가 너희 하나님 나 여호와의 말을 들어 순종하고 내가
보기에 의를 행하며 내 계명에 귀를 기울이며 내 모든 규례를 지키면
내가 애굽 사람에게 내린 모든 질병 중 하나도 너희에게 내리지
아니하리니 나는 너희를 치료하는 여호와임이라 (출애굽기 15:26)

우리를 소망으로 인도하시는 하나님,

우리를 위해 십자가에 내어주신 사랑에 감사드립니다. 저희
들 연약하여 질병으로 기도합니다. 몸살로 인하여 오늘도 힘들
게 직장에 출근하였습니다. 온 몸은 쑤시고 힘이 없사오니 이
시간 연약한 육체를 치유하여 주시옵소서. 저의 병약함으로 동
료들에게 업무적으로 불편함을 끼치지 않게 하시고 피해가 가
지 않도록 치유의 은혜를 허락하여 주시옵소서.

우리를 치료하시는 주님, 사람의 능력에는 한계가 있습니다.
생명의 주관자는 오직 주님뿐이오니 저희 죄를 용서하시고 연
약함을 치료하여 주시옵소서. 또한 저희 가족의 질병을 위해서
도 기도합니다. 감기 몸살로 인하여 온 가정이 힘들어 하고 있
사오니 이 질병의 고통에서 벗어나 건강하게 활동하게 하여 주

시옵소서. 이 시간 저희 가족을 긍휼히 여기시고 오직 주님만 바라보고 나갈 수 있도록 강인한 믿음과 큰 은혜를 주시어서 성령 충만하게 하여 주시옵소서. 예수 그리스도의 복음의 진리를 온전히 믿고 좌로나 우로나 흔들리지 않게 하시고 말씀으로 무장된 가정이 되게 하여 주시옵소서. 지금 저희 가족들의 마음에도 질병으로 인하여 신음하고 있습니다. 가족들이 하나님의 사랑과 은혜를 체험하게 하여 주시옵소서. 사랑이 많으신 예수님의 이름으로 기도합니다. 아멘

긍정의 한마디

미래를 신뢰하지 마라. 죽은 과거는 묻어버려라. 그리고 살아 있는 현재에 행동하라. _ 롱펠로

출근길 나의 기도

성령을 구하는 기도

이와 같이 성령도 우리의 연약함을 도우시나니 우리는 마땅히 기도할
바를 알지 못하나 오직 성령이 말할 수 없는 탄식으로 우리를 위하여
친히 간구하시느니라 (로마서 8:26)

약한 자를 긍휼하게 여기시는 하나님,

저희가 심히 약해져 잠을 이루지 못할 때가 많습니다. 치열
한 경쟁 사회에서 고민과 고통이 있습니다. 인간관계에서 오는
고통도 있습니다. 마음의 병도 있고 심지어 화병도 있습니다.
마음에 두고 있는 원수로 인해 잠을 설치기도 합니다. 이 시간
부족한 종에게 평안한 마음을 주셔서 잠을 잘 이루게 하여 주
시옵소서. 탐욕과 고통을 다스려 주시옵소서.

사랑하는 자에게 잠을 주신다고 하셨으니 불면의 고통이 없
게 하여 주시옵소서. 용기 잃고 지친 엘리야에게 떡을 먹이신
주님, 낙담하여 힘없이 낙향하는 두 제자에게 힘을 주시고 엠
마오에 찾아오신 주님처럼 저희들에게 찾아오시어서 마음을
뜨겁게 인도하여 주심으로 우리에게 맡겨진 사명을 잘 감당하
게 하여 주시옵소서. 이 시간 저에게 성령을 부어 주시옵소서.

하나님의 영으로 충만하게 하여 주시옵소서. 세상이 줄 수 없는 영적인 양식과 용기를, 그 사명감과 열정을 주시옵소서. 그래서 우리 삶을 주님께 드려 이웃을 도우며 살게하여 주시옵소서. 주는 자가 되게 하여 주시옵소서. 사랑이 많으신 예수님 이름으로 기도합니다. 아멘.

긍정의 한마디

만족은 결과가 아니라 과정에서 온다. _ 제임스 딘

출근길 나의 기도

이 시대를 이기는 기도

그러므로 형제들아 내가 하나님의 모든 자비하심으로 너희를
권하노니 너희 몸을 하나님이 기뻐하시는 거룩한 산 제물로 드리라
이는 너희가 드릴 영적 예배니라 (로마서 12:1)

언제나 우리를 새롭게 하시는 하나님,

너희는 이 세대를 본받지 말고 마음을 새롭게 함으로써 변화
를 받아 하나님의 선하시고 기뻐하시고 온전하신 뜻이 무엇인
지 분별하라고 하셨사오니 저희들의 생각이 언제나 새로워지
게 하여 주시옵소서. 창조적이고 긍정적인 생각을 갖게 하시고
내일이 오늘보다 나을 것이라는 생각을 갖게 하시며 다른 사람
을 볼 때도 부정적인 면보다는 긍정적인 면을 더 볼 수 있게 하
여 주시옵소서. 언어도 새로워지게 하여 주시옵소서.

우리의 길을 인도하시는 하나님, 아브라함은 갈 바를 알지
못했으나 예비하심을 믿고 믿음으로 갈대아 우르를 떠났습니
다. 광야에서 방황하던 다윗도 하나님의 예비하심을 믿고 찬양
했으며 요셉도 감옥에 있을 때 하나님의 예비하심을 믿고 믿음
으로 살았습니다. 그 하나님의 역사를 체험한 사람들의 믿음을

본받게 하여 주시옵소서. 저희도 앞날을 두려워하지 않고 믿음으로 행진할 때 하나님께서 함께 하심을 믿게 하여 주시옵소서. 고난이 변하여 축복이 된다는 것을 알고 기도하고 감사하며 찬송하게 하여 주시옵소서. 사랑이 많으신 예수님의 이름으로 기도합니다. 아멘.

긍정의 한마디

자신의 능력을 감추지 마라. 재능은 쓰라고 주어진 것이다. 그늘 속의 해시계가 무슨 소용인가. _ 벤자민 프랭클린

출근길 나의 기도

두려움을 이기는 기도

너희는 그들을 두려워하지 말라 너희의 하나님 여호와께서 친히
너희를 위하여 싸우시리라 하였노라 (신명기 3:22)

복에 근원이 되시는 하나님,

오늘도 주님의 전능하심을 믿고 새로운 날을 맞이하여 직장
에 출근하여 기도를 드립니다. 어떤 일이든 두려워하지 않도
록 저희를 붙들어 주시옵소서. 권능을 부어 주시옵소서. 예측
할 수 없는 내일을 극복할 힘을 주시옵소서. 하나님께 모든 것
을 맡길 수 있게 하여 주시옵소서. 의심이나 불신을 갖지 않게
하여 주시옵소서. 하나님의 예비하심을 믿고 감사하게 하여 주
시옵소서. 사람을 두려워할 것이 아니라 하나님을 두려워하게
하시고 새로운 믿음을 갖게 하여 주시옵소서. 주님께서는 목자
가 되셔서 모세를 광야에서 도우셨으며 요셉을 도우셨고 다윗
을 도우셨습니다. 그리고 오늘날 저희들을 도와주셨사오니 인
도하여 주시옵소서.

저희들은 주님의 은혜를 잊고 원망하고 불평할 때가 있었습

니다. 앞날이 아득해 절망하곤 했습니다. 이 시간 회개하오니 용서하여 주시고 믿음의 눈을 떠 앞날을 보게 하여 주시옵소서. 주님의 사랑을 확인하며 두려워하지 않게 하여 주시옵소서. 감사하게 하여 주시옵소서. 사랑이 많으신 예수님의 이름으로 기도합니다. 아멘.

긍정의 한마디

위대한 업적을 이루려면 활동을 하는데 만족해서는 안 되고 반드시 꿈을 꿔야 한다. _아나톨 프랑스

출근길 나의 기도

매월 출근길 12일 기도

절망을 이기는 기도

주께서는 은혜로우시며 자비로우시며 노하기 더디하시며 인애가
크시사 뜻을 돌이켜 재앙을 내리지 아니하시는 하나님이신 줄을 내가
알았음이니이다 (요나 4:2)

은혜가 풍성하신 하나님,

오늘 하루도 하나님의 은혜로 저희들 살아갑니다. 힘들고 어
렵지 않게 하시고 바른 길로 인도하여 주시옵소서. 저희들 힘
들고 어려웠을 때 외롭고 힘들었지만 그때 그때마다 은혜주시
고 힘주심을 감사드립니다. 고통 중에서 바르게 살려고 할 때
참으로 힘들었습니다. 그러나 하나님의 은혜로 그 길을 갈 수
가 있었습니다. 이 각박한 사회에서 신앙을 지키기까지도 힘든
일이 많습니다. 권능의 하나님께서 인내와 힘을 주시고 환경을
변화시켜 주시며 바른 길을 열어주시옵소서.

저희가 주님을 위해 헌신하다가 핍박이나 어려움을 만나면
너무 두려워합니다. 그때마다 사람을 두려워하지 않고 하나님
을 두려워하게 하여 주시옵소서. 하나님의 영광을 바라보며 고
통을 참게 하여 주시옵소서. 저희가 선을 행하되 낙심하지 말

게 하여 주시옵소서. 피곤하지 아니하면 때가 이르러 반드시 열매를 거둔다는 사실을 믿게 하여 주시옵소서. 때때로 환경이나 사람을 보고 절망하고 괴로워할 때가 있습니다. 정의가 승리한다는 것을 믿고 다시 힘을 얻어 주를 바라보게 하여 주시옵소서. 오직 주님만을 바라보며 믿음으로 승리하게 하여 주시옵소서. 사랑이 많으신 예수님의 이름으로 기도합니다. 아멘.

긍정의 한마디

정상에는 언제나 자리가 있는 법이다. _대니얼 웹스터

출근길 나의 기도

승리를 구하는 기도

무엇이든지 전에 기록된 바는 우리의 교훈을 위하여 기록된 것이니
우리로 하여금 인내로 또는 성경의 위로로 소망을 가지게 함이니라
(로마서 15:4)

사랑과 은혜가 풍성하신 하나님,

저희가 산을 향하여 눈을 들어 도움이 어디서 올까 하고 하
늘을 바라 볼 때마다 모든 도움은 천지를 지으신 하나님께로부
터 오는 것을 체험합니다. 그런데도 당장 변화가 없을 때 방황
하고 절망하고 낙심합니다. 이 시간 찾아오시어서 믿음 없는
저희들을 불쌍히 여겨 주시옵소서. 천지를 지으시고 인간의 생
사화복을 주관하시는 하나님, 주의 은혜를 잠잠히 기다리는 믿
음을 주시옵소서. 인내에 따른 용기를 주시옵소서. 선을 행하
되 낙심치 않게 하여 주시옵소서. 때가 이르러 반드시 거두게
되는 것을 믿고 인내하게 하여 주시옵소서. 아버지의 긍휼을
의지하고 아버지께 더 가까이 나아가오니 더욱 정결하고 순전
한 영과 마음을 허락하여 주시옵소서.

그리스도 예수님의 의로 말미암아 내 자신이 정결하고 깨끗

하고 순결한 신부처럼 주님이 주신 사명을 잘 감당하게 하여
주시옵소서. 지금은 기도할때라고 말씀하셨사오니 날마다 깨
어 있어서 주님의 주신 사명을 잘 감당하게 하여 주시옵소서.
어떤 어려움이 있어도 인내 할 수 있도록 큰 믿음도 주시옵소
서. 흔들리지 않는 믿음을 주시옵소서. 연약한 저희들을 너무
오래 기다리지 않도록 우리의 기도를 들으시고 응답하여 주시
옵소서. 저희들 연약하오니 강한 믿음을 주시어서 성령으로 충
만하게 하여 주시옵소서. 우리 구주 예수님의 이름으로 기도합
니다. 아멘

긍정의 한마디

성장은 뜻밖의 어둠 속에서도 도약할 때 이루어진다. _헨리 밀러

출근길 나의 기도

긍휼을 구하는 기도

나의 힘이시여 내가 주께 찬송하오리니 하나님은 나의 요새이시며
나를 긍휼히 여기시는 하나님이심이니이다 (시편 59:17)

은혜가 풍성하신 하나님,

이 땅에 예수님을 보내주시고 우리의 약함 때문에 주님께서
징계 받으심으로 저희가 평화를 누리고 매 맞으심으로 우리가
나았습니다. 그런데도 저희들은 너무 인간적이어서 세속적인
것에 미련이 많고 내 욕심에 집착 할 때가 너무나 많습니다. 주
님의 말씀대로 다른 사람을 용서하지 못하고 살고 있사오니 이
시간 십자가의 보혈로 정결케하여 주시고 깨끗하게 씻어 주시
옵소서.

저희들 지나치게 꼼꼼해서 사소한 것에 시간을 많이 보내고
시작한 것조차 끝까지 마무리 짓지 못 할 때가 많습니다. 일을
완벽하게 하려고 직장에서 여러 사람들을 힘들게 합니다. 너무
사무적이고 정이 없어서 원칙만 강조하고 있습니다.

사랑의 주님, 저희가 살아가는 날 속에서 사람들의 평가에

너무 귀 기울이지 않게 하시고 긍정적이고 적극적인 사고를 가지고 다른 사람들에게 희망을 주는 직장인이 되게 하여 주시옵소서. 저희들은 연약합니다. 주님의 손길로 붙들어 주시어서 하나님을 온전히 의지하고 복음을 전파하면서 살게하여 주시옵소서. 하나님 안에서는 우리들의 단점이 오히려 하나님을 만나는 계기가 되게 하여 주시옵소서. 우리 구주 예수 그리스도의 이름으로 기도합니다. 아멘

긍정의 한마디

성공할 때까지 기다릴 수 없어서 그냥 했다. _조너선 윈터스

출근길 나의 기도

주님을 닮기 위한 기도

주는 나의 하나님이시니 나를 가르쳐 주의 뜻을 행하게 하소서 주의
영은 선하시니 나를 공평한 땅에 인도하소서 (시편 143:10)

사랑과 은혜가 풍성하신 하나님,

저희들에게 하루하루 살아 갈수 있도록 인도하여 주시니 감
사를 드립니다. 오늘 허락받은 하루를 어떻게 살아갈 것인지
생각해 봅니다. 저희들 주님을 닮기를 원합니다. 그래서 나를
위하기보다는 남을 섬기는 삶을 살기 원합니다. 저의 언어가
긍정적이게 하시고 더러운 말에 매이지 않게 하시고 창조적이
고 적극적인 언어를 주시어서 나 자신에게 용기를 주며 하나님
의 뜻을 드러내는 믿음의 사람이 되게 하여 주시옵소서. 또한
믿음으로 겸손해지게 하시고 내 중심으로 말하기보다 타인의
입장에서 말 할 수 있는 언어의 능력도 주시옵소서. 저의 언어
를 통해서 실망한 심령이 위로를 받고 용기를 얻어서 다시 일
어나게 하여 주시옵소서.

저의 유익을 구하기보다 주님의 나라와 의를 찾게 하시고 복
음의 향기를 드러낼 수 있는 큰 믿음을 주시옵소서. 바라오니

저에게 용기를 주시고 성격을 바꾸어주시어서 남을 먼저 배려하는 마음을 주시옵소서. 그리하여 사랑과 인내와 관용과 성결한 마음으로 든든히 서게 하여 주시옵소서. 말에는 신중함이 있게 해 주시고, 주님의 사랑에 대한 지식으로 밝아진 심령을 주시옵소서. 오직 주님의 이름에 누를 끼치지 않는 하루 되게 하여 주시옵소서. 오늘도 동행하여 주시는 예수님의 이름으로 기도합니다. 아멘

긍정의 한마디

승리보다는, 승리를 위해 노력하는 것이 더 큰 의미가 있다._지그 지글러

출근길 나의 기도

성령의 능력을 구하는 기도

부와 귀가 주께로 말미암고 또 주는 만물의 주재가 되사 손에 권세와
능력이 있사오니 모든 사람을 크게 하심과 강하게 하심이 주의 손에
있나이다 (역대상 29:12)

저희에게 기도의 길을 열어 주시는 하나님,

오늘도 새로운 날을 맞이하여 하루하루 살게 하시니 감사합
니다. 오늘은 거룩한 주일입니다. 주 앞에 나갈 때 큰 은혜를
주시옵소서. 성령과 은혜로 예배드릴 때, 저에게 큰 은혜를 주
시고 말씀으로 응답하여 주시옵소서. 오늘 내 자신이 드리는
예배가 내 마음이 열려져서 복된 예배가 되게 하여 주시옵소
서. 한숨이 변하여 찬양이 되게 하시고, 근심이 변하여 기도가
되게 하여 주시옵소서. 환경만 바라보다가 실족치 않게 하시고
주님 바라봄으로 날마다 구원을 체험하게 하여 주시옵소서.

작은 바람이 불어와도 이리저리 흔들리는 믿음 없는 저희를
불쌍히 여기시고 오직 믿음의 주요 온전케하시는 이인 예수만
을 바라보게 하여 주시옵소서. 주님을 믿고 따르는 저희들이
세상 속에서 주님의 명령을 지킬 수 있는 복을 허락하여 주시

옵소서. 날마다 주님과 영적인 교제를 나누게 하시고 이생의 안목과 정욕으로 이끌려 좌초하는 사람으로 사는 것이 아니라, 능력의 주님께 매여 사는 복된 인생들이 되게 하여 주시옵소서. 내 자신을 복되게 하시고 주님의 영광을 드러내기에 부족함이 없는 쓰임 받는 사람이 되게 하여 주시옵소서. 항상 충성과 봉사가 넘쳐나게 하여 주시옵소서. 이 시간 주님의 살아 계신 말씀의 능력을 체험할 수 있도록 축복해 주시옵소서. 사랑이 많으신 예수님의 이름으로 기도합니다. 아멘

긍정의 한마디

분명한 사실은, 어떤 상황에서 어떻게 해야 옳은지를 당신은 잘 알고 있다는 것이다. 그러나 그것을 행하는 것은 어렵다. _노먼 슈워츠코프

출근길 나의 기도

맡겨진 직분을 잘 감당하기 위한 기도

곧 하나님께서 그리스도 안에 계시사 세상을 자기와 화목하게 하시며
그들의 죄를 그들에게 돌리지 아니하시고 화목하게 하는 말씀을
우리에게 부탁하셨느니라 (고린도후서 5:19)

은혜로우신 하나님,

오늘 하루도 주님을 찬양하면서 하루를 시작합니다. 이 시간
저에게 찾아오시어서 용기를 주시고 할 수 있는 믿음을 주시옵
소서. 이 시간 교회를 위해서 기도합니다. 저희 교회가 주님의
몸된 교회로서 주님을 나타내기에 부족함이 없는 교회가 되게
하시고, 신앙의 수고가 늘 동반됨으로서 순종과 사랑의 욕구를
충족하며 구원의 기쁜 소식을 전파하는데 부족함이 없는 교회
가 되게 하여 주시옵소서. 또한 주님의 몸된 교회를 위하여 몸
으로 봉사하는 손길들이 있습니다.

특별히 주님의 귀한 직분을 잘 감당하기 원하는 성도들에게
지혜와 힘을 주셔서, 맡은바 직분을 잘 감당할 수 있도록 인도
하여 주시옵소서. 주님과 교회를 섬기면서 저희들을 항상 푸
른 초원으로 인도하기에 온 힘을 쏟고 계신 목사님을 성령의
능력으로 함께 하시고, 진리의 말씀을 베풀기에 부족함이 없도

록 지혜와 능력을 허락하여 주시옵소서. 오늘도 교회를 위하여 기도하오니 들으시고 축복하여 주시옵소서. 사탄 마귀가 틈타지 못하도록 도와 주시옵소서. 우리를 죄에서 구원하여 주신 예수님의 이름으로 기도합니다. 아멘

긍정의 한마디

인간은 위대한 업적에 의해 변하는 것이 아니라 자신의 의지로 변한다.
_ 헌리크 입센

출근길 나의 기도

충성스러운 일꾼이 되기 위한 기도

여호와는 나의 힘과 나의 방패이시니 내 마음이 그를 의지하여
도움을 얻었도다 그러므로 내 마음이 크게 기뻐하며 내 노래로 그를
찬송하리로다 (시편 28:7)

살아계셔서 오늘도 역사하시는 하나님,

혹암과 같았던 세상에 그리스도를 빛으로 보내심으로 소망
이 있게 하심을 감사합니다. 어둠 속에서 헤매던 미련한 저희
들이 주님의 이름을 영접하여 새 생명을 찾았사오니 그 은혜를
또한 감사드립니다. 지난 한 주간은 세상에 살면서 저희들의
생각을 앞세우고 입술과 행위로 주님의 영광을 가릴 때가 많았
습니다. 하나님은 저희들의 중심을 아시오매 강한 팔로 붙들어
주시옵소서. 이 시간 부족한 저에게 성령의 충만한 은혜를 허
락하시어 주님이 세상의 참된 소망임을 깨닫고, 소망 중에 그
리스도에 대한 믿음이 참된 능력임을 깨닫고, 믿음의 사람이
되게 하셔서, 빛과 소금의 일을 잘 감당 할 수 있도록 붙들어
주시옵소서.

또한 주님을 사랑하되, 마음을 다하여 사랑하게 하시고, 성

품을 다하여 봉사하며, 힘을 다하여 충성함으로써, 주님의 뜻을 온전히 이루어 가는 주님의 충성스러운 일꾼들이 되게 하여 주시옵소서. 부족한 사람이 언제 어디서나 청지기로 부끄럽지 않게 살도록 도우셔서 있는 자리에서 그리스도 예수의 영광을 드러내게 하여 주시옵소서. 저에게 주신 사명을 잘 감당하게 하시고 은혜가 있게 하여 주시옵소서, 저희에게 소망을 주시고 날마다 능력으로 붙들어 주시는 예수 그리스도의 이름으로 기도합니다. 아멘

긍정의 한마디

이 세상에서 가장 행복한 사람은 일하는 사람, 사랑하는 사람, 희망이 있는 사람이다. _ 에디슨

출근길 나의 기도

연약함을 이기는 기도

이는 선지자 이사야를 통하여 하신 말씀에 우리의 연약한 것을 친히
담당하시고 병을 짊어지셨도다 함을 이루려 하심이더라 (마태복음
8:17)

오늘도 살아계셔서 역사하시는 하나님,

주를 사모하는 자를 만족케 하시며 주린 영혼에게 좋은 것으
로 채워주시는 그 크신 사랑을 생각할 때 감사합니다. 저희의
인생이 곁길로 가는 것을 결코 허용치 않으시고 바른길로 인도
해 주신 은혜를 생각할 때, 영광과 찬송을 돌립니다. 하나님께
나올 때만 순종하고, 생활 속에서는 경건의 모양을 잃어버리고
살아가는 저희들을 용서하여 주시옵소서.

피리를 불어도 춤추지 않고 애곡하여도 가슴을 뛸 줄 모르
는 세상을 한탄하면서도 저희 또한 감각 없는 자가 될 까 두렵
사오니, 은혜를 충만히 부어 주시옵소서. "너희는 먼저 그의 나
라와 그의 의를 구하라"고 말씀하신 주님의 가르침을 너무나도
잘 알고 있지만 떠나지 않는 고통으로 인하여 늘 경직된 삶을
살 수밖에 없는 연약함을 불쌍히 여겨 주시기를 원합니다. 모

든 죄악된 습관들을 믿음으로 물리치게 하시고, 모든 어려움을 믿음으로 극복하게 하여 주시옵소서. 또 온전케하시는 예수만 바라보고 살아가는 인생이 되게 하시고, 달음박질하여도 곤비치 아니하고 걸어가도 피곤함을 모르는 인생이 되게 하여 주시옵소서. 사랑이 많으신 예수님의 이름으로 기도합니다. 아멘

긍정의 한마디

말하자마자 행동하는 사람, 그것이 가치 있는 사람이다. __ 엔니우스

출근길 나의 기도

장성한 분량으로 성장하는 기도

우리가 이제부터 어린 아이가 되지 아니하여 사람의 속임수와 간사한
유혹에 빠져 온갖 교훈의 풍조에 밀려 요동하지 않게 하려 함이라
(에베소서 4:14)

사랑과 지혜가 풍성하신 하나님,

저희에게 베푸신 그 크신 사랑과 은혜를 감사드립니다. 예수
그리스도의 흘리신 피로 저희를 구속하시고, 오늘도 성령을 힘
입어 살아가게 하심을 감사합니다. 값진 피로 저희 죄를 사하
사 천하보다 귀한 영혼이라 하였사오니 책임 있는 삶을 살게하
여 주시옵소서. 저희들 안에 하나님의 형상을 회복하게 하시
고, 그리스도의 장성한 분량까지 성장하도록 인도하여 주시옵
소서.

생명의 빛이신 하나님, 예수 그리스도만이 우리의 구원이시
며 진리이심을 믿습니다. 때로 복음의 능력을 참되게 깨닫지
못하여 세상의 유혹을 좇아 방황하던 저희의 허물을 용서하여
주시옵소서. 복음만이 저희의 유일한 기쁨이요 소망이 되게 하
시며 원망과 좌절, 죄의식으로 가득차 있는 저희의 마음이 예

수 그리스도의 보혈의 능력을 힘입어 감사와 자유함으로 가득하게 하여 주시옵소서.

때때로 저희의 마음속에 있는 교만을 버리게 하시고 그리스도의 사랑으로 섬기게 하여 주시옵소서. 오늘도 저희 마음에 함께하사 새롭게 시작한 하루가 복되게 하시고 직장에서 일할 때에 지혜와 능력을 주시어서 맡겨진 일들을 잘 감당하게 하여 주시옵소서. 오늘도 믿음으로 승리하게 하여 주시옵소서. 사랑이 많으신 예수님의 이름으로 기도합니다. 아멘

긍정의 명언

성공하지 못하는 가장 큰 이유는 자신감 결여와 자기불신이다

_존 맥그레이스

출근길 나의 기도

지혜를 구하는 기도

내 영혼이 여호와를 자랑하리니 곤고한 자들이 이를 듣고
기뻐하리로다 (시편 34:2)

진리의 길을 보여 주시는 사랑의 하나님,

이 시간 저희의 모든 삶을 전폭적으로 드리며 그 은혜에 감
사하는 시간이 되게 하여 주시옵소서. 먼저 내 자신의 죄를 고
백합니다. 예수님의 고난을 망각하고 저희에게 맡겨진 십자가
를 외면한 채 인간의 욕망과 헛된 목적을 위하여 살아온 죄를
용서하여 주시옵소서. 우리 속의 거짓된 마음들을 성령의 능력
으로 변화시켜 주시옵소서.

주님의 은혜 안에 살면서도 늘 이렇게 교만한 습성을 버리
지 못하는 저희들을 긍휼히 여기사 용서하여 주시기를 원합니
다. 인간의 몸을 입으시고 이 땅에 오셔서 십자가에 달려 죽으
시기까지 하나님의 영광을 나타내고자 하셨던 주님처럼, 저희
들도 주님의 영광을 위하여 겸손의 삶을 살 수 있는 주님의 사
람이 되게 하여 주시옵소서. 약한 자를 돌아보며 제자들의 발

을 씻기셨던 주님처럼 진정으로 섬길 수 있는 마음을 주시고, 슬픔과 괴로움 속에서 한숨짓는 자들에게 정성을 다해 주님의 위로를 심어줄 수 있는 저희들이 되게 하여 주시옵소서. 오늘 직장에서 일할 때 지혜가 부족하지 않게 하시고 모든 사람에게 덕을 세우고 위로하고 격려하는 하루가 되게 하여 주시옵소서. 사랑이 많으신 예수님의 이름으로 기도합니다. 아멘

긍정의 한마디

살아가면서 새로운 사람들과 교제하지 않으면 머지않아 혼자 남겨진 자신을 발견할 것이다. 우리는 끊임없이 우정을 관리하고 유지해야 한다. _새뮤얼 존슨

출근길 나의 기도

믿음의 사람이 되기 위한 기도

너는 진리의 말씀을 옳게 분별하며 부끄러울 것이 없는 일꾼으로
인정된 자로 자신을 하나님 앞에 드리기를 힘쓰라 (디모데후서 2:15)

사랑과 은혜가 풍성하신 하나님,

우리를 다스리시기 위하여 이 땅에 임하시고 하나님 나라가
이루어 감을 생각할 때 감사를 드립니다. 저희들의 아집과 고
집이 깨어지고 우리 속에 온전한 하나님 나라가 이루어지게 하
여 주시옵소서.

사랑의 주님, 오늘도 십자가의 진리로 무장하면서 시작하는
직장생활이 즐겁게 하시고 회사의 업무가 딱딱하지만 즐겁게
할 수 있도록 유머를 주시옵소서. 동료들과 함께 일할 때에 융
통성이 있게 하시며 서로 소통하면서 모든 일들이 잘 진행되게
하여 주시옵소서. 사람들과 대화를 할 때에도 감사하며 일하게
하시고 덕을 세우며, 위로하며 서로 세워주는 직장생활이 되게
하여 주시옵소서. 오늘 하루도 내 자신도 주님을 본받아 고난
의 십자가를 지신 십자가의 진리를 전하는 직장인으로 세워 주

시옵소서.

이 시간 직장의 동료들을 위하여 기도합니다. 하나님 나라의 확장을 위하여 복음을 전할 수 있는 입술을 주시고 복음 전하는 일꾼이 되게 하여 주시옵소서. 그리하여 내 자신이 복음의 반석위에 굳건히 서서 어느 곳에 있든지 주의 복음이 전파되도록 축복하여 주시옵소서. 사랑이 많으신 예수님의 이름으로 기도합니다. 아멘

긍정의 한마디

당신은 아름다운 사람을 바라보지만, 매력적인 사람은 당신을 보아주는 사람이다 -아들라이 스티븐슨

출근길 나의 기도

부족함을 이기는 기도

여호와는 나의 목자시니 내게 부족함이 없으리로다. 그가 나를 푸른
풀밭에 누이시며 쉴 만한 물 가로 인도하시는도다 (시편 23:1-2)

우리에게 산 소망을 주시는 거룩하신 하나님,

날마다 저희들을 인도하여 주셔서 기도하게 하시니 감사드
립니다.

부족한 종이 날마다 직장에서 전도하는 일꾼이 되고 싶습니
다. 그러나 이것이 쉽지 않습니다. 어떻게 전도해야 되는지 잘
모르오니 지혜를 주셔서 복음을 전파 할 수 있는 능력을 주시
옵소서. 또한 저희 생활을 축복하셔서 물질의 풍요로움을 허
락하시고, 복음을 위한 헌신에 부족함을 느끼지 않도록 은혜를
베풀어 주시옵소서.

사랑의 주님!

저희들 인생의 한계를 만날 때마다 주 앞에 나와 기도하오니
홍해를 가르신 하나님께서 앞길을 열어 주시옵소서. 이 시간
자신을 위하여 간구합니다. 부족한 종이 하나님의 크신 뜻과

의를 이룰 수 있도록 지혜를 주시옵소서. 복음 전파 할 수 있도록 물질도 주시옵소서. 또한 하나님이 주신 지혜로 사명을 감당하게 하여 주시옵소서. 부족한 종이 생활하는 직장에도 은혜를 주시어서 윗사람을 대할 때나 아랫사람을 대할 때에 너그럽게 하시고 그리스도 예수의 덕을 세우는 직장인이 되게 하여 주시옵소서. 인정받는 직장인이 되게 하여 주시옵소서. 사랑이 많으신 예수 그리스도의 이름으로 기도 합니다. 아멘

긍정의 한마디

남들보다 더 잘하려고 고민하지 마라. 지금의 나보다 잘하려고 애쓰는 게 더 중요하다. _ 윌리엄 포크너

출근길 나의 기도

직장에서 은혜를 구하는 기도

남편들아 이와 같이 지식을 따라 너희 아내와 동거하고 그를 더 연약한 그릇이요 또 생명의 은혜를 함께 이어받을 자로 알아 귀히 여기라 이는 너희 기도가 막히지 아니하게 하려 함이라 (베드로전서 3:7)

우리의 일상생활을 통해 간섭하시는 하나님,

이 시간도 직장에 출근하게 하시고 일하게 하시니 감사합니다. 오늘도 직장에서 동료 직원들과 함께 일하게 하시고 잘 짜여진 체계 속에서, 좋은 사람들을 만나게 하시니 감사합니다. 종이 부족하지만 오늘 하루도 직장에서 일할 때 감사한 마음으로 일하게 하시고, 서로 좋은 관계 속에서 협력하면서 맡겨진 일들을 잘 감당하게 하여 주시옵소서. 이 시간 성령님께 구하오니 우리 회사 안에 어려움을 만난 직원들을 위로하여 주시옵소서. 그리하여 어떤 어려움에도 낙심하지 않게 하시고 용기를 얻고 다시 일어나게 하여 주시옵소서.

또한 저희들이 직장 안에서 직원들과 끊임없이 사랑의 교제를 누리기 원합니다. 바라기는, 저희 회사가 이 지역 사회에 구원의 방주가 되게 하시고 복음을 전하는 직원들이 많아지게 하시며 주님의 기쁜 소식을 전하는 일꾼이 되게 하여 주시옵소서. 이러한 사명을 잘 감당 할 수 있도록 새 힘을 주시고 부르심에 합당한 삶을 살도록 은혜를 베풀어 주시옵소서. 우리를 축복하시는 예수님의 이름으로 기도 합니다. 아멘

긍정의 한마디

불가능, 그것은 도전할 수 있는 가능성을 의미한다. 불가능, 그것은 사람들을 용기 있게 만들어주는 것이다. 불가능, 그것은 아무것도 아니다 _ 아디다스 광고 카피

출근길 나의 기도

직장을 위한 기도

성읍에서도 복을 받고 들에서도 복을 받을 것이며 네 몸의 자녀와 네 토지의 소산과 네 짐승의 새끼와 소와 양의 새끼가 복을 받을 것이며 네 광주리와 떡 반죽 그릇이 복을 받을 것이며 네가 들어와도 복을 받고 나가도 복을 받을 것이니라 (신명기 28:3-6)

우리들의 생명이시며 소망이 되시는 하나님,

오늘도 직장에 출근하게 하시니 감사합니다. 주님께서는 부족한 저희들을 택하여 주시고 오늘날까지 보호하시고 지켜주셨지만 저희들은 주님의 뜻을 깨닫지 못하고 죄악 가운데 살았습니다. 우리들은 넘어지기 쉽고 주님의 뜻을 저버리고 살기 쉬우니 붙잡아 주시고, 불쌍히 여기셔서 어려운 시련 가운데서도 용기를 잃지 않고 더욱 더 주님께 충성된 삶을 살게 도와 주시옵소서.

사랑의 하나님, 부족한 종을 기억하여 주시사 회사에서 인정받는 사람이 되게 하시고 사랑과 은혜가 끊임없이 샘솟듯이 서로 협력하며, 서로 사랑하며, 아끼며 반목과 갈등이 없도록 축복하여 주시옵소서. 각 부서마다 사원들이 서로 사랑하며 업무를 할 때에도 유기적인 조화 속에서 서로 협력하여 좋은 실적을 올릴 수가 있도록 축복하여 주시옵소서. 각 모든 부서들이 사랑의 밧줄로 묶어져서 하나 되게 하여 주시옵소서. 그리하여 우리 회사가 성장하도록 도와주시고 또한 직장 생활하는 동안 나에게 맡겨진 사명을 잘 감당하게 하여 주시옵소서. 추수 할 것은 많은데 일꾼이 부족하다고 말씀하신 것처럼 좋은 일꾼, 훈련된 일꾼이 되어서 주님 나라에 쓰임 받는 일꾼이 되게 하여 주시옵소서. 사랑이 많으신 예수님 이름으로 기도합니다. 아멘

긍정의 한마디

당신이 할 수 있다고 믿든, 할 수 없다고 믿든 당신이 믿는 대로 될 것이다
_ 헨리 포드

출근길 나의 기도

시련을 이기는 기도

그러므로 우리는 기회 있는 대로 모든 이에게 착한 일을 하되 더욱
믿음의 가정들에게 할지니라 (갈라디아서 6:10)

사랑과 은혜가 풍성하신 하나님,

어려움 당하여 염려 가운데 있는 부족한 종을 붙들어 주시기
원합니다.

저는 약점 많고 실수가 많은 사람입니다. 주님은 약점 투성
인 제자들을 다듬어 복음을 전하는 도구로 사용하셨듯이, 소극
적인 저희를 예수님의 제자들처럼 주님의 영광을 위해서 쓰임
받을 수 있도록 은혜를 베풀어 주시옵소서. 저희들은 은혜 받
을 자격도 없지만 하나님의 긍휼과 사랑으로 용서해 주시고 우
리를 변화시켜 주시옵소서. 소극적인 내 자신이 적극적이게 하
시고, 복음에 게으른 내 자신이 부지런함과 열정을 가지고 살
수 있는 믿음을 주시옵소서.

지난 날 '나는 할 수 없다'는 부정적인 생각에 얽매이면서 살
았으나 이제는 긍정적이고 적극적인 사람이 되게 하여 주시옵

소서. 또한 주님이 주신 직분을 잘 감당할 수 있게 하여 주시옵소서. 성령 충만하게 하여 주시옵소서. 맡은 자에게 구할 것은 충성이라고 하였사오니 맡은 것을 잘 감당 할 수 있도록 새 힘을 허락하여 주시옵소서. 주님이 주시는 새 힘으로 하나님의 영광을 드러내게 하여 주시옵소서. 우리를 죄에서 구원하신 예수님 이름으로 기도 합니다. 아멘.

긍정의 한마디

긍정적으로 생각하라. 원하는 것을 마음 속 깊이 생각하고 또 생각하면 그 바람은 어김없이 현실로 나타난다. _앤드류 매튜스

출근길 나의 기도

약한 자들을 위한 기도

우리가 약할 때에 너희가 강한 것을 기뻐하고 또 이것을 위하여
구하니 곧 너희가 온전하게 되는 것이라 (고린도후서 13:9)

은혜로우신 하나님,

저희 가정에 구원의 복음이 임하게 하시고, 죄에서 구원을
받게 해 주셨음에 감사합니다. 오늘도 주님의 이름으로 세상을
이기는 하루가 되게 하여 주시옵소서.

사랑의 하나님,

이 시간 저희 가정을 지켜 주시고 품어 주신 은혜에 감사를
드립니다. 한 주간 세상에서 많은 일들 가운데 살았지만, 다시
금 가정에서 사랑의 교제를 나누게 하심을 감사합니다. 저희들
세상의 모진 풍파로 지쳐 있사오니 이 시간 회복시켜 새 힘을
얻게 하여 주시옵소서.

사랑의 하나님, 우리 가정을 축복하시고 가족들이 건강한 믿
음으로 살아갈 수 있는 복을 내려 주시옵소서. 우리 가정이 염
려와 근심과 걱정에서 해방되어 기쁨 속에서 복되게 살아가게

하여 주시옵소서. 우리 가정에도 복에 복을 더하여 주시옵소서. 또한 어려움이 없도록 축복하여 주시옵소서. 무엇이든지 구하면 이루어지는 복을 허락하여 주시옵소서.

오늘도 새롭게 시작하는 생활이지만 반복되는 업무 속에서 짜증을 내지 않게 하시고 감사한 마음으로 일할 수 있도록 창조적인 에너지를 주시옵소서. 지혜도 부족하오니 솔로몬 왕에게 주신 지혜를 주시옵소서. 매일매일 직장생활이 보람 있는 하루가 되게 하여 주시옵소서. 우리를 죄에서 구원해 주시는 예수님의 이름으로 기도합니다. 아멘.

긍정의 한마디

언제나 자기 자신과 자신의 상황을 긍정적으로 생각하라. _앤드류 매튜스

출근길 나의 기도

사랑으로 하나 되기 위한 기도

여호와가 너를 항상 인도하여 메마른 곳에서도 네 영혼을 만족하게
하며 네 뼈를 견고하게 하리니 너는 물 댄 동산 같겠고 물이 끊어지지
아니하는 샘 같을 것이라 (이사야 58:11)

오늘도 살아계셔서 역사하시는 하나님,

주님의 그 끝없는 사랑에 감사를 드립니다. 오늘 하루도 새
롭게 시작합니다. 감사함으로 회사에 왔사오니 즐겁게 일하게
하시고 상사와 동료들, 부하직원들에게도 부드럽고 지혜로운
사람이 되게 하여 주시옵소서. 많은 업무를 처리하다보면 짜증
날 때 많습니다. 너무 지칠 때도 많습니다. 그때마다 넉넉함을
주시고 넓은 마음을 주시어서 소통하면서 맡겨진 업무를 잘 감
당하게 하여 주시옵소서.

사랑의 하나님, 때로는 나로 인해서 일이 잘 진행되지 않을
때 두려움을 느낄때도 있습니다. 그때마다 좋은 아이디어를 주
시어서 어려운 문제를 쉽게 해결 할 수 있는 능력도 주시옵소
서.

이 시간 저희 가정을 위하여 기도합니다. 우리 가정의 어려

운 문제가 있습니다. 모든 문제가 다 저로 인하여 빚어진 일로 마음이 쓰리고 아픕니다. 부족한 저를 긍휼히 여겨 주시고 지혜와 사랑으로 축복하여 주시옵소서.

사랑의 주님, 이 연약한 심령을 붙잡아 주시고 나 자신을 바라보며, 내 안의 잘못된 자아상을 아름답게 회복할 수 있게 하여 주시옵소서. 좋은 것을 보며, 듣고, 말하게 하여 주시옵소서. 사랑이 많으신 예수님의 이름으로 기도합니다. 아멘.

긍정의 한마디

어떤 일이 도저히 불가능하다고 스스로 믿고서 시작하는 것은 그 일을 불가능하게 만드는 원인이다. _워너메이커

출근길 나의 기도

세미한 음성을 구하는 기도

또 지진 후에 불이 있으나 불 가운데에도 여호와께서 계시지 아니하더니 불 후에 세미한 소리가 있는지라 (열왕기상 19:12)

은혜가 많으신 하나님,

마음의 상실감을 느끼며 소망 없이 살아가는 부족한 종에게 이 시간 믿음과 용기를 주시옵소서. 연약함으로 인하여 내 자신의 삶이 흔들리지 않도록 지켜 주시기를 원합니다. 하나님께서 엘리야를 위로하고 회복하여 주신 것처럼 이 부족한 종을 위로하시고 회복시켜 주시옵소서. 주님의 세미한 음성이 내 안에 들려지기를 원합니다. 성령께서 주님의 음성을 들을 수 있도록 우울한 마음을 새롭게 하여 주시옵소서. 참을 수 없는 분노의 마음을 다스려 주시고 주님 앞에서 모든 감정을 쏟아 놓고 울 수 있도록 성령께서 그 감정을 주시기 원합니다.

사람을 창조하실 때에 생기를 불어 넣어 주었듯이, 마른 뼈에 생기가 들어가듯이 이 부족한 종에게 성령의 새바람과 생기를 불어넣어 주시옵소서. 우울한 마음을 다 성령의 새바람으로 날아가게 하시고 소망의 마음과 기쁨의 마음이 가득 차게 하여 주시기를 원합니다.

　사랑의 주님, 이 영혼을 불쌍히 여기시고 새로운 마음을 주시옵소서. 주님의 돌보시는 손길 가운데 우울함이 치료되게 하여 주시옵소서. 예수님의 능력으로 연약한 육체가 강하게 하여 주시옵소서. 사랑이 많으신 예수님의 이름으로 기도합니다. 아멘.

긍정의 한마디

할 수 있는 것도, 할 수 없다고 생각하면 할 수 없다. 할 수 없는 것도, 할 수 있다고 믿기에 할 수 있는 것이다. _미야케 세츠레이

출근길 나의 기도

매월 출근길 30일 기도

마음을 새롭게 하는 기도

좋은 것으로 네 소원을 만족하게 하사 네 청춘을 독수리 같이 새롭게
하시는도다 (시편 103:5)

사랑과 은혜가 풍성하신 하나님,

부족한 종을 항상 지켜 주시고 우리의 소망이 되어 주심을
감사합니다. 열 두 해를 혈루병으로 고생한 여인을 긍휼히 여
기시고 고쳐 주셔서 그의 모든 삶이 회복되게 하신 것처럼, 이
시간 저에게 찾아오셔서 삶의 의욕을 잃고 힘들어 하는 저에게
성령의 능력을 부어 주사 마음을 새롭게 하여 주시옵소서. 제
마음속에 흐르는 근심과 걱정이 사라지게 하시고 주님이 주시
는 평강으로 기쁨이 넘치게 하여 주시옵소서. 기뻐하며 춤추며
하나님을 찬양하라고 하신 말씀과 같이 내 마음에 기쁨을 주셔
서 찬양하게 하여 주시옵소서. 감사와 기쁨이 넘치게 하시고
하나님을 향하신 계획과 뜻이 이루어지게 하여 주시옵소서. 내
생각보다 하나님의 뜻이 이루어지게 하여 주시옵소서.

오늘도 새롭게 시작한 하루를 축복하여 주시고 감사와 기쁨

이 있게 하시며 직장에서 동료들과 상사들에게 인정받고 쓰임받는 사람으로 축복하여 주시옵소서. 오늘도 많은 일들이 기다려지고 있습니다. 사람들을 만날 때도 지혜를 주시고 그리스도 예수 사랑으로 좋은 결과를 만들게 하여 주시옵소서. 사랑이 많으신 예수님의 이름으로 기도합니다. 아멘.

긍정의 한마디

어떤 일을 하던지 고난이나 난관이나 부정적인 면보다도 긍정적인 면을 먼저 생각하고 고려하자. 그리하여 희망하는 일들을 하나하나 성취해 나가자. _노만 필

출근길 나의 기도

일터를 위한 기도

여호와가 너를 항상 인도하여 메마른 곳에서도 네 영혼을 만족하게
하며 네 뼈를 견고하게 하리니 너는 물 댄 동산 같겠고 물이 끊어지지
아니하는 샘 같을 것이라 (이사야 58:11)

사랑과 은혜가 풍성하신 하나님,

오늘도 직장에 출근하여 하나님께 기도를 드립니다. 이 시
간, 제가 다니는 직장을 위해 기도합니다. 제가 다니는 직장이
선교지는 아니지만 주님께서 허락해주신 선교지 임을 명심하
며 예수 믿는 사람으로서 빛과 소금의 역할을 잘 감당하는 평
신도가 되게 하여 주시옵소서. 무슨 일을 하든지 마음을 다하
여 주께 하듯 하게 하시고, 직장에서 최선을 다하여 성실하게
일하며 주님의 영광을 빛낼 수 있도록 하여 주시옵소서.

사랑의 주님, 제가 몸담고 있는 이 직장에서 빛과 소금의 역
할을 감당하는 사람이 되게 하시고 인정받는 사람으로서 쓰임
받게 하여 주시옵소서. 어떤 일을 하던지 치우치지 않고 균형
을 잡게 하시고 인간관계나, 업무적인 일에나 서로 소통하면서
일할 수 있도록 넉넉한 마음을 주시옵소서. 또한 일을 할 때 실

수가 많사오니 차분하게 조화를 이루면서 주님이 주시는 지혜와 명철로써 맡겨진 모든 일들을 잘 감당하여 좋은 결과가 있도록 축복하여 주시옵소서.

사랑의 주님, 직장동료들과 즐거운 분위기 속에서 일할 수 있게 하시고 유혹되기 쉬운 일을 따르지 않게 하시며 오직 성령을 좇아 주의 율례를 행하게 하여 주시옵소서. 사랑이 많으신 예수님의 이름으로 기도합니다. 아멘

긍정의 한마디

생각이 우리의 태도와 행동을 결정하고 그것들은 다시 성공과 실패를 결정한다. _ 브라이언 트레이시

출근길 나의 기도

제2장

퇴근길 – 자신의 성찰을 위한 기도

기도는 아침의 열쇠요 저녁의 자물쇠이다 _ 빌리 그레이엄

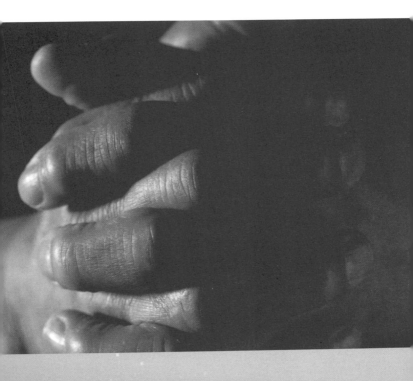

개인의 영성을 위한 기도

이는 지혜와 훈계를 알게 하며 명철의 말씀을 깨닫게 하며
지혜롭게, 공의롭게, 정의롭게, 정직하게 행할 일에 대하여 훈계를
받게 하며 (잠언 1:2-3)

은혜로우신 거룩하신 하나님,

주님의 음성을 기억하며 하루를 시작하게 하시니 감사드립
니다.

오늘 하루 저희에게 주신 시간을 낭비하지 않게 하시고, 주
안에서 맡겨진 모든 일들을 잘 감당하게 하여 주시옵소서. 전
능하신 주님께서 저희들을 인도하시어 바른 길로 가게 도와 주
시옵소서. 주의 말씀은 내 발의 등이요 내 길에 빛이십니다. 말
씀 안에서 우리의 생각과 계획이 이루어지게 하여 주시옵소서.
가정에 평안을 주시고 서로 격려하며 사랑하고 화목하게 하여
주시옵소서. 우리의 일터에 복을 주시고 이 나라 백성들을 주
님의 은혜로 이끌어 주시옵소서. 교회를 지켜 주시고 성도들이
주 안에서 하나 되게 하여 주시옵소서. 우리의 짐을 주께 맡깁
니다. 주님만 굳게 의지하게 하여 주시옵소서. 저희들이 육신

의 은혜뿐만 아니라 영혼이 잘되는 복을주시옵소서.

　사랑의 하나님,

　저의 기도를 주께서 들으시고 응답하여 주시옵소서. 개인적인 문제로, 가정의 문제로, 사업의 문제로, 신앙의 문제로 고민하여 아뢰는 기도를 주님께서 응답해 주시고 크신 복을 내려 주시옵소서. 우리를 쉴 만한 물가로, 푸른 초장으로 인도하시는 예수님의 이름으로 기도합니다. 아멘

긍정의 한마디

성공이 행복의 열쇠가 아니라 행복이 성공의 열쇠다. 자신의 일을 진심으로 사랑하는 사람이라면 그는 이미 성공한 사람이다. ＿ 알버트 슈바이처

퇴근길 나의 기도

새 힘과 용기를 구하는 기도

여호와 경외하기를 깨달으며 하나님을 알게 되리니 대저 여호와는
지혜를 주시며 지식과 명철을 그 입에서 내심이며 (잠언 2:5-6)

사랑과 은혜가 풍성하신 하나님,

오늘 하루도 저희들을 지켜주셔서 희망차게 일하게 하시고
가정으로 돌아가게 하시니 감사합니다.

거룩하신 하나님, 저희들은 아직도 죄에 끌리어 주님께 복종
하지 못하고 있습니다. 세상의 쾌락을 위해서는 한없는 애착을
가지고 있사오나 영적인 일과 영혼을 위해서는 너무나도 나태
합니다. 세상의 안일만을 추구하며, 주님께 엎드려 기도하는데
는 게으르며, 자기의 유익을 추구하는 일에는 매우 활발하나,
남을 섬기는데 태만하였사오니 저희들을 불쌍히 여기시고 용
서하여 주시옵소서. 또한 주님의 형상대로 변화되게 이끌어 주
시옵소서.

저희들의 몸과 마음을 주님께서 맡아 주관하시고 영혼을 건
강하게 하셔서 주님의 등불이 되게 하시옵소서. 저희들의 영혼

이 늘 그리스도의 빛으로 충만하게 하셔서 깨끗한 영혼이 되게 하여 주시옵소서. 사랑이 많으신 예수님의 이름으로 기도합니다. 아멘.

긍정의 한마디

마음을 어떻게 잡느냐에 따라서 사람은 세상일을 어떤 방향으로든지 잡아갈 수 있다. 운명을 개척할 수 있는 자신감을 길러야 한다. _후쿠지마 다네신

퇴근길 나의 기도

교회와 자신을 위한 기도

내 아들아 나의 법을 잊어버리지 말고 네 마음으로 나의 명령을
지키라. 그리하면 그것이 네가 장수하여 많은 해를 누리게 하며
평강을 더하게 하리라. (잠언 3:1)

만복의 근원 되시는 하나님,

저희들의 교회를 늘 새롭게 하시고 주님의 성령이 늘 살아있
는 교회로 이끌어 주시옵소서. 그리하여 저희 교회가 크게 부
흥하게 하시며 주님께서 명령하신 교회의 사명을 잘 감당하게
하시옵소서. 저희 교회에 기도의 불길이 꺼지지 않게 하시며
더욱 열심히 기도하는 성도들이 많아지게 하여 주시옵소서.

목사님에게도 주님께서 축복하셔서 교회와 양떼를 보살피
기에 조금도 부족함 없게 하여 주시옵소서. 저희들의 오늘 하
루의 생활을 살 수 있도록 지켜주시고 깨끗하고 진실된 삶을
살 수 있도록 인도하시니 감사합니다. 또 하나님의 선하시고
기뻐하시는 온전하신 뜻을 알 수 있는 지혜도 주시옵소서. 날
마다 저희가 기도할 때에 성령의 기름 부으심을 주시고 말씀대
로 살 수 있도록 지혜와 명철을 허락하여 주시옵소서. 부족한

사람이 성령 충만하기를 원합니다. 성령의 은사를 부어주시되 전도 할 수 있는 은사를 부어 주시옵소서. 그리하여 전도의 열매를 맺을 수 있도록 축복하여 주시옵소서. 전도자 빌립처럼 열매 맺게 하여 주시옵소서. 사랑이 많으신 예수님의 이름으로 기도합니다. 아멘.

긍정의 한마디

모든 자연과 생명의 창조적 핵심은 긍정적이고 낙관적이며, 소망이 넘치는 것이라는 것이 내 믿음이다. _디오도어 루빈

퇴근길 나의 기도

믿음의 성장을 위한 기도

지혜를 버리지 말라 그가 너를 보호하리라 그를 사랑하라. 그가 너를
지키리라. 지혜가 제일이니 지혜를 얻으라 네가 얻은 모든 것을
가지고 명철을 얻을지니라 (잠언 4:6-7)

사랑과 지혜가 풍성하신 하나님,

저희들을 부족하다 책망치 않으시고 사랑과 은혜로 품어주
심을 감사드립니다. 때때로 겨자씨만한 믿음이 없어서 능력 있
는 그리스도인의 삶을 살지 못하고, 불완전한 모습을 애통해
하며 우리 연약함을 십자가 앞에 내려놓사오니 믿음 없는 행위
들을 용서하여 주시고 믿음으로 승리할 수 있도록 도와 주시옵
소서. 오늘도 연약한 마음을 강하게 하시고 성령님께서 부족한
종을 날마다 권고하여 주시사 새 풀처럼 일어나는 믿음을 허락
하여 주시기를 원합니다.

특별히 이 나라, 이 민족을 불쌍히 여기시고. 한마음으로 화
합하는 민족이 되기 원합니다. 경제가 회복되고, 일자리가 창
출되고 안정되기 원합니다. 대통령을 비롯한 정치인 지도자들
그리고 믿음의 자녀들, 모두가 하나님을 두려워하며 기도하게

하시고 말씀 따라 사는 은혜를 주시옵소서. 저희들에게 영육간의 강건함 주시고 세계를 향한 비전을 품고 나갈 수 있도록 형통한 복을 내려 주시옵소서. 사랑이 많으신 예수님의 이름으로 기도합니다. 아멘.

긍정의 한마디

실패한 사람들의 생각은 생존에, 평범한 사람들은 현상유지에, 성공한 사람들은 생각이 발전에 집중되어 있다. _ 존 맥스웰

퇴근길 나의 기도

가정과 일터를 위한 기도

그런즉 아들들아 나에게 들으며 내 입의 말을 버리지 말고 네 길을
그에게서 멀리 하라 그의 집 문에도 가까이 가지 말라 (잠언 5:7-8)

인간의 생사화복을 주관하시는 하나님,

하루일과를 마치고 기도하게 하시니 감사합니다. 특별히 부
족한 종을 주님의 권능의 손으로 붙잡아 주시옵소서. 한계와
상황을 극복하는 큰 믿음을 내려 주시고 성령 충만한 은혜를
내려 주시옵소서.

거룩하신 주님, 이 저녁에 기도드릴 때 우리의 기도를 응답
하여 주시옵소서. 가정과 일터에 하늘의 복을 주시고 온 가족
이 구원받게 하여 주시옵소서. 약한 자에게 힘을 주시고 병든
자를 치료하여 주시고 주의 자녀들에게 지혜를 주시옵소서. 오
늘 하루도 주님과 동행할 때 할 것과 하지 말아야 것을 분별하
게 하심을 감사합니다.

은혜가 풍성하신 하나님,

오늘도 하늘 문을 여시사 하늘의 신령한 은혜를 물 붓듯이

부어 주시옵소서. 우리도 주님의 도구로 사용하여 주시고 주님의 뜻을 이루어 주시옵소서. 사랑이 많으신 예수님의 이름으로 기도합니다. 아멘

긍정의 한마디

다수의 사람들은 장애물을 보지만 소수의 사람들은 목표를 본다. 역사는 후자의 성공을 기록한다. 전자에겐 잊혀 짐이란 결과만이 있을 뿐이다.
_ 아르망 몽따페르

퇴근길 나의 기도

가정의 영성을 위한 기도

게으른 자여 개미에게 가서 그가 하는 것을 보고 지혜를 얻으라 (잠언 6:6)

영광을 받으시기에 합당하신 하나님,

저희들의 의가 되시고, 방패와 도움이 되셔서 직장에서 하루 일과를 마치고 퇴근합니다.

집으로 돌아가는 발걸음도 지켜주시고 인도하여 주옵소서. 간구하기는 하루하루의 생활 속에서 자신의 지혜와 계획을 의지하는 불신앙을 버리게 하여 주옵소서. 오직 하나님의 경륜과, 섭리를 의지하는 신실한 믿음으로 살게 하여 주시고, 복 받을 사람으로 살게하여 주옵소서. 또한 저희들, 받은 복이 사해처럼 고여 있어 썩지 않게 해 주시고, 갈릴리 바다처럼 내어주어, 많은 사람들과 나누며 살게 하여 주시기 원합니다. 그리하여 저희들이 하나님이 주신 가정에 자녀들이 기둥이 되게 하시고, 하나님의 뜻을 이루는 소중한 도구들이 되게 하여 주옵소서. 이 일을 위해서 저희들에게 번성하는 복을 주옵소서. 시냇가에 심은 나무처럼 시절을 쫓아서 열매를 맺도록 축복하여 주옵소서. 30, 60, 100 배의 복을 주옵소서. 하나님이 주신 복으로 어려운 자들에게 주는 자 되게 하시고, 힘들고 어려운 사람들에게 베풀고 섬기는 일에 쓰임 받게하여 주옵소서. 특별히 주님의 은혜를 사모하는 자녀들에게 복을 주시고, 주위의 환경과, 상황으로부터 눈을 돌려, 모든 것을 지배하시며 다스리시는 주님의 능력을 바라볼 수 있게 하여 주시옵소서. 사랑이 많으신 예수님의 이름으로 감사하며 기도합니다. 아멘.

긍정의 한마디

사람과 사람 사이에는 아주 작은 차이가 존재한다. 그러나 이 작은 차이가 엄청난 격차를 만들어낸다. 여기서 작은 차이는 '마음가짐이 적극적인가, 소극적인가'이고 엄청난 격차는 '성공하느냐, 실패하느냐'이다.
_ 나폴레온 힐

퇴근길 나의 기도

매월 퇴근길 7일 기도

충성된 일꾼을 위한 기도

내 아들아 내 말을 지키며 내 계명을 간직하라 내 계명을 지켜 살며 내
법을 네 눈동자처럼 지키라 (잠언 7:1)

사랑과 은혜가 풍성하신 하나님,

저희들의 기도를 들으시고 응답하여 주시옵소서. 개인적인
문제로, 가정의 문제로, 사업의 문제로, 기도하오니 주님께서
들으시고 응답하여 주시옵소서.

만복의 근원 되시는 하나님.

저희의 교회를 날마다 새롭게 하시고 주님의 성령이 늘 살아
있는 교회로 크게 부흥하게 하시며 주님께서 명령하신 지상명
령을 잘 감당하게 하시옵소서. 저희 교회에 기도의 불길이 꺼
지지 않게 하시고 주의 제단에 더욱 열심히 기도하는 성도들이
많아지게 하여 주시옵소서. 오늘 하루도 생활을 지키시고 인도
하여 주시며 깨끗하고 진실된 삶을 살 수 있게 도와 주시니 감
사합니다. 또 하나님의 선하시고 기뻐하시는 온전하신 뜻을 알
수 있는 지혜도 주시옵소서. 저희들에게 지혜와 성령을 부어

주시사 스텐반 집사처럼 성령 충만한 사람이 되게 하시고 빌립 집사처럼 전도의 능력을 주시어서 만나는 사람들마다 전도 할 수 있는 은혜를 주시옵소서. 형통한 삶이 되게 하여 주시옵소서. 사랑과 은혜가 많으신 예수님의 이름으로 기도합니다. 아멘.

긍정의 한마디

성공하는 사람은 남들이 던진 벽돌로 견고한 기초를 쌓는 사람이다.
_데이비드 브링클리

퇴근길 나의 기도

성령의 인도함을 위한 기도

지혜가 부르지 아니하느냐 명철이 소리를 높이지 아니하느냐 그가
길 가의 높은 곳과 네거리에 서며 성문 곁과 문 어귀와 여러 출입하는
문에서 불러 이르되 사람들아 내가 너희를 부르며 내가 인자들에게
소리를 높이노라 (잠언 8:1-4)

사랑과 은혜가 풍성하신 하나님,

오늘 하루의 삶도 주님의 말씀 안에 거하게 하시니 감사합니
다. 바른 판단력과 분별력을 주시고 의롭다 칭함을 받은 자 답
게 살게하여 주시옵소서. 우리 안에 정직한 영을 주시어 늘 새
롭게 하시고, 경건의 모양을 가지고 풍성한 유익을 끼치며 살
아가게 하여 주시옵소서. 세상의 헛된 소리에 귀 기울이지 말
게 하시고, 미혹에 빠지지 않도록 성령께서 걸음마다 동행하
여 주시옵소서. 오늘 하루도 주님 안에서 말씀을 증거하는 삶
이 되게 하여 주심을 감사합니다. 맡겨진 일에 충성을 다하게
하시고 건강을 더하여 주시어 힘찬 하루를 보내게 하여 주시니
감사합니다. 이런 일들이 날마다 이어져서 성령의 열매를 맺을
수 있는 은혜를 허락하여 주시옵소서. 성령 충만하게 하여 주

시옵소서.

직장에서 일할 때 새로운 은혜도 주시고, 뜨거운 믿음을 주셔서 날마다 언제 어디서나 복음을 전하는 전도자가 되게 하여 주시옵소서. 장래가 촉망 받는 믿음의 사람이 되도록 축복하여 주시옵소서. 우리의 죄를 사하여 주시는 예수님의 이름으로 기도합니다. 아멘

긍정의 한마디

비관론자는 매번 기회가 찾아와도 고난을 본다. 낙관론자는 매번 고난이 찾아와도 기회를 본다. _윈스턴 처칠

퇴근길 나의 기도

시대의 분별을 구하는 기도

지혜가 그의 집을 짓고 일곱 기둥을 다듬고 짐승을 잡으며 포도주를
혼합하여 상을 갖추고 자기의 여종을 보내어 성중 높은 곳에서 불러
이르기를 어리석은 자는 이리로 돌이키라 (잠언 9:1-4)

오늘도 살아계셔서 역사하시는 하나님,

주님의 은혜를 입은 우리가 오늘 하루의 일과를 마치고 가정
으로 돌아가게 하시니 감사합니다. 기도를 통하여 우리의 지은
죄를 용서하여 주시며, 성령의 능력으로 깨끗해지게 하여 주시
옵소서.

그리스도의 빛으로 우리 안에 있는 어두움을 미워하며 육체
의 소욕을 따라 행하지 않고, 그리스도 안에서 성령의 풍성케
하심을 따라 행동하게 하여 주시옵소서. 복된 생명을 전하며,
사람을 세우는 입술의 열매로 살아갈 수 있도록 도와주시기 원
합니다.

이스라엘 백성들이 가나안 복지에 들어갔을 때에 그 땅 안에
있던 족속을 완전히 멸하도록 하심과 같이, 이 시대를 살고 있
는 저희들도, 세상 풍조를 따라 거짓의 영들을, 완전히 제거 하

시고 주님이 주시는 믿음으로 강건하게 하여 주시옵소서. 그래서 날마다 삶의 현장에서 주의 다스림이 임하도록, 축복하여 주시옵소서. 사랑이 많으신 예수님의 이름으로 기도합니다. 아멘

긍정의 한마디

항상 옳은 일을 하라. 그러면 몇몇 사람은 고마워 할 것이고 나머지는 깜짝 놀랄 것이다. _마크 투웨인

퇴근길 나의 기도

성령과 믿음을 구하는 기도

솔로몬의 잠언이라 지혜로운 아들은 아비를 기쁘게 하거니와 미련한
아들은 어미의 근심이니라 (잠언 10:1)

사랑의 하나님,

저희 부족함과 연약함에도 불구하고 우리를 향하여 성도라
부르시며 거룩한 백성이라고 인정해 주시니 감사합니다. 이제
저희들이 예수 그리스도와 연합하여 한 몸을 이루었사오니 주
님의 깊은 사랑을 알게 하시니 감사를 드립니다.

"내 이름으로 일컫는 내 백성이, 그 악한 길에서 떠나 스스로
겸비하고 기도하여, 내 얼굴을 구하면, 내가 하늘에서 듣고 그
죄를 사하고 그 땅을 고칠지라"고 약속하심을 기억하오니 이
나라의 백성된 저희들에게 회개의 영을 허락하사 고침을 받게
하여 주시옵소서.

이 시간 부족한 종이 주님의 뜻을 알기 원합니다. 은혜를 넘
치도록 부으시는 주님, 이 시간 종을 긍휼이 여기사 기도 할 때
마다 성령의 기름부음을 주시고 무엇보다도 주님을 깊이 사랑

하는 마음을 주시옵소서. 우리가 주 앞에서 찬양 드릴 때, 주의 얼굴을 뵙게 하여 주시옵소서.

참 좋으신 하나님. 우리의 삶이 날마다 풍요롭게 하여 주시옵소서. 사랑이 많으신 예수님이 이름으로 기도합니다. 아멘

긍정의 한마디

우리에게 두 손이 있는 것은 하나는 받는 손이고 다른 하나는 베푸는 손이다. 우리는 저장하는 창고가 아니라, 베푸는 통로로 지음 받았다.

_ 빌리 그레이엄

퇴근길 나의 기도

자신의 영성과 지혜를 구하는 기도

의인은 환난에서 구원을 얻으나 악인은 자기의 길로 가느니라 악인은
입으로 그의 이웃을 망하게 하여도 의인은 그의 지식으로 말미암아
구원을 얻느니라 (잠언 11:8-9)

오늘도 살아계셔서 역사하시는 하나님,

오늘 하루의 일과를 마치고 퇴근합니다. 오늘 하루도 저희들
을 부족하다 책망치 않으시고 사랑한다고 품어주심을 감사드
립니다. 때때로 겨자씨만 한 믿음이 없어 능력 있는 그리스도
인의 삶을 살지 못하고, 불완전한 모습을 애통해 하며 살아가
고 있습니다. 이 시간 우리 연약함을 십자가 앞에 내려놓사오
니 우리 믿음 없는 행위들을 용서하여 주시옵소서. 사랑하는
주님 앞에 말씀을 간절히 사모하오니 날마다 주시는 말씀을 깨
닫게 해 주시고, 깨닫지 못하는 허물까지 깨끗하게 씻어 주시
옵소서. 이 나라 이 민족을 불쌍히 여기시고 한 마음 되어서 화
합하는 민족이 되게 하여 주옵소서. 경제가 회복되고, 일자리
가 창출되고 안정되기 원합니다.

이 민족이 하나님을 두려워하며 기도하게 하시고 말씀 따라

사는 은혜를 주시옵소서. 저희들에게 영육간의 강건함을 주시고 세계를 향한 비전을 품고 나아가는 형통한 복을 내려 주시옵소서. 머리 숙인 저희들, 생명의 말씀 따라 순종하고 승리할 수 있는 힘을 공급해 주시옵소서. 부르짖는 심령마다 축복해 주시고 가장 좋은 것으로 응답해 주시옵소서. 사랑이 많으신 예수님의 이름으로 기도합니다. 아멘

긍정의 한마디

낙관주의자는 장미에서 가시가 아니라 꽃을 보고, 비관주의자는 꽃은 망각하고 가시만 쳐다본다. _칼릴 지브란

퇴근길 나의 기도

넘어지지 않기 위한 기도

사람은 그 지혜대로 칭찬을 받으려니와 마음이 굽은 자는 멸시를
받으리라 (잠언 12:8)

오늘도 살아계셔서 역사하시는 하나님,

오늘도 주님의 말씀 앞에 서게 하심을 감사드립니다. 우리에
게 은혜를 주셔서 말씀을 들을 때마다 죄인 됨을 깨닫게 하시
고 죄인까지도 버리지 않으시고 오래 참으시며 용서해 주시는
주님의 참 사랑을 감사드립니다. 저희들은 주님의 창조질서와
섭리 가운데 살면서도 아직도 주님을 다 깨닫지 못하는 우둔함
을 용서해 주시옵소서.

아직도 완전히 주님을 신뢰하지 못하는 믿음 없는 저희들을
용서해 주시옵소서. 오늘 하루도 말의 실수가 없게 하시고 불의
한 자리에 앉거나 악한 행위로 주님의 영광을 가리지 않게 하여
주시니 감사합니다. 좀 더 겸손하고 선한 말과 행실로 하나님의
자녀 됨을 드러내게 하시고, 말씀을 전파하는 놀라운 은혜를 베
풀어 주시옵소서.

오늘도 부족한 종이 거룩해지게 하시고, 사랑하는 가족 모두가 평강과 진리 가운데서 살게하여 주시옵소서. 우리 가정이 그리스도 안에서 복음의 빛과 진리를 드러내도록 은혜를 주시고, 어디에서나 저희 가족들이 인정받고 귀하게 쓰임 받는 믿음의 가정이 되게 하여 주시옵소서. 사랑이 많으신 예수님의 이름으로 기도합니다. 아멘.

긍정의 한마디

빛은 세상을 가득 채운다. 어둠은 다만 일시적인 현상에 불과하다. 세상은 비관하는 사람은 아무 것도 얻을 수 없다. _그라시안

퇴근길 나의 기도

치유를 위한 기도

지혜로운 아들은 아비의 훈계를 들으나 거만한 자는 꾸지람을 즐겨
듣지 아니하느니라 사람은 입의 열매로 인하여 복록을 누리거니와
마음이 궤사한 자는 강포를 당하느니라 (잠언 13:1-2)

우리를 소망으로 인도하시는 하나님,

오늘도 하루의 일과를 마치고 퇴근하게 하시니 감사합니다.

이 시간 저희들이 주님의 세미한 음성을 듣기 원합니다. 상
한 마음에 새 소망과 새 힘을 불어넣어 주시고 스스로 만든 왜
곡된 자아상의 울타리를 넘어서게 하여 주시옵소서. 닫힌 마음
의 문을 열고 나오게 하셔서 마음과 생각이 정결해 지게 하여
주시옵소서.

거룩하신 하나님, 부족한 종에게 성령을 부어 주시옵소서.
몸도 연약하고 생각도 나약합니다. 이 시간 찾아오셔서 마음을
강하게 붙들어 주시고 몸도 마음도 병든 부분을 치유하여 주시
옵소서.

사랑의 주님, 유전적으로 내려오는 질병이 있습니다. 이 질
병을 고치시고 싸매어 주시어서 병든 부분을 깨끗하게 고쳐 주

시옵소서. 나이를 먹어 갈수록 몸도 마음도 힘이 듭니다. 아버지의 손길로 싸매어 주시고 치유하여 주시옵소서. 오늘도 성령님의 인도하심을 기대합니다. 이 연약한 종이 부르짖을 때에 응답해 주시고 축복해 주시어서 가장 좋은 것으로 응답 주시옵소서. 큰 은혜를 내려 주시옵소서. 사랑이 많으신 예수님의 이름으로 기도합니다. 아멘

긍정의 한마디

우리 세대의 가장 위대한 발견은 사람은 자기 마음을 고치기만 하면 자신의 인생까지도 고칠 수 있다는 것이다. _ 윌리엄 제임스

퇴근길 나의 기도

매월 퇴근길 14일 기도

가정을 위한 기도

지혜로운 여인은 자기 집을 세우되 미련한 여인은 자기 손으로
그것을 허느니라 (잠언 14:1)

은혜가 풍성하신 하나님,

저희 가정을 위해서 기도합니다. 감기 몸살로 어려움을 겪고
있는 부모님을 기억해 주시고 치료하여 주시옵소서. 빨리 회복
되어서 정상적인 몸을 회복하게 하여 주시옵소서. 부모님을 보
호하시고 어머니를 축복하여 주시옵소서. 가정에 사랑과 평화
를 주시옵소서. 오늘도 저희 가정이 평온한 안식처가 되게 하
시고 서로를 위로하는 가정이 되게 하여 주시옵소서. 학교에
다니는 자녀들이 있습니다. 학교에서 공부 할 때 지혜와 명철
을 주시어서 원하는 목적을 이룰 수 있도록 잘 준비하게 하여
주시옵소서.

제가 때때로 직장생활이 힘들 때가 많이 있습니다. 산적한
문제도 너무 많습니다. 부족한 사람에게 지혜를 주시어서 맡겨
진 일들을 잘 감당하게 하여 주시옵소서. 회사에서도 맡겨진

일에 지혜를 주시고 동료들 간에도 서로 존중하며 신뢰 할 수 있도록 넉넉한 마음을 주시옵소서.

   이 시간 간구합니다. 저는 지금 승진을 앞두고 있습니다. 이번 승진에 누락되지 않게 하시고 정상적으로 승진 할 수 있도록 은혜를 베풀어 주시옵소서. 경쟁하는 구도 속에서 마음에 상처를 받지 않도록 축복하여 주시옵소서. 또한 제 앞날에 비전을 주시고 그 비전을 이루어 나갈 수 있는 방향과 진로가 명확하게 하여 흔들림 없이 갈수 있도록 지혜와 명철을 주시옵소서. 사랑이 많으신 예수님의 이름으로 기도합니다. 아멘.

긍정의 한마디

인생은 될 대로 되는 것이 아니라 생각대로 되는 것이다. 자신이 어떤 마음을 먹느냐에 따라 모든 것이 결정된다._ 조엘 오스틴

퇴근길 나의 기도

마음을 지키기 위한 기도

유순한 대답은 분노를 쉽게 하여도 과격한 말은 노를 격동하느니라
(잠언 15:1)

사랑이 많으신 하나님,

이 시간 찾아 오시어서 제 마음을 지켜 주시옵소서.

마음의 상처로 인하여 분노하지 않도록 지켜 주시옵소서. 마음은 생명의 근원이라고 하신 잠언의 말씀을 상기하며 평안한 마음, 긍정적인 마음을 유지할 수 있게 하여 주시옵소서. 저희 힘으로는 한계가 있고 불가능함을 고백합니다. 고난에 흔들리지 않게 하시고 눈앞의 이익에 따라 변하지 않게 하여 주시옵소서. 심지가 견고한 자를 평안하고 평강하도록 지키시리니 이는 그가 주를 신뢰함이니이다 라고 하신 말씀이 내 생활에 적용되게 하여 주시옵소서.

사랑의 하나님, 직장 생활하면서 나에게 맞지 않는 일을 하게 되는 경우도 있고, 나와 상관없는 일을 해야 할 때도 많습니다. 먹고 살기 위해 일을 해야 하고 열악한 환경에서 일을 해야

하는 경우도 있음을 고백합니다. 불안정한 직업과 업무와 인간 관계로 인한 스트레스가 우리의 생명력을 잠식하는 일도 많습니다. 이런 상황 속에서 직업에 대한 갈등을 느낄 때 지혜를 주셔서 선한 길로 이끌어 주시고, 우리에게 새로운 상상력을 더하여 주시사 어려움을 잘 극복하게 하여 주시옵소서. 사랑이 많으신 예수님의 이름으로 기도합니다. 아멘.

긍정의 한마디

우리는 우리가 행복해지려고 마음먹은 만큼 행복해질 수 있다. 행복해지고 싶으면 행복하다고 생각하라. _ 에이브러험 링컨

퇴근길 나의 기도

생각을 지키는 기도

마음의 경영은 사람에게 있어도 말의 응답은 여호와께로부터
나오느니라 (잠언 16:1)

사랑과 은혜가 풍성하신 하나님,

저는 너무 연약합니다. 연약한 저에게 힘과 용기를 주시고
마음에 평안을 주시옵소서. 이 부족한 사람이 정직하게 살 수
있도록 지켜 주시옵소서. 그동안 말에 비해 행동이 뒤따르지
못했던 것을 용서하시고 이제 달라지게 하여 주시옵소서. 저에
게 잘못된 거품이 모두 빠져나가게 하시고 바른 삶을 가꾸어가
게 하여 주시옵소서. 가정에서부터 정직이 실천될 수 있도록
지켜 주시옵소서. 정직하게 살겠다는 철저한 각성이 있게 하시
고 정직에 따른 고통과 불이익을 두려워하지 않게 하여 주시옵
소서. 정직할 수 있는 용기와 신념을 주시옵소서.

사랑의 하나님, 우리에게 지혜와 인내와 진실한 마음과 힘을
주시옵소서. 또한 맡겨진 자리에서 하나님이 주신 은사들을 잘
발휘할 수 있도록 이끌어 주시옵소서. 우리 한 사람 한 사람에

게 주신 은사들을 잘 사용할 수 있는 지혜도 주시며, 무엇보다 그로 인해 즐거움을 더해 주시고, 우리의 일을 통해 하나님께 영광을 돌릴 수 있도록 이끌어 주시옵소서. 오늘도 부르심에 따라 퇴근하오니 집으로 가는 길을 인도하여 주시옵소서. 거룩하신 예수님의 이름으로 기도합니다. 아멘.

긍정의 한마디

우리는 성공이란 한 사람의 의지에서 비롯된다는 사실을 알게 된다. 그것은 모두 마음의 자세에 달려 있다._ 월터 윈틀

퇴근길 나의 기도

마음을 새롭게하는 기도

마른 떡 한 조각만 있고도 화목하는 것이 제육이 집에 가득하고도
다투는 것보다 나으니라 (잠언 17:1)

은혜가 풍성하신 하나님,

이 부족한 종이 너무 인간적으로 살았습니다. 이 시간 찾아
오셔서 나약한 미음을 새롭게 하시고 진리와 사랑으로 무장된
삶을 살게하여 주시옵소서. 여호와께서는 마음이 상한 자에게
가까이 하시고 통회하는 자를 구원하신다고 말씀하셨습니다.
지금 우리나라는 큰 위기에 있습니다. 이런 위기가 하나님과
가까이 할 때임을 깨닫고 이런 기회에 모두가 달라지게 하여
주시옵소서. 하나님만을 의지하게 하시고 모든 불의를 버리게
하여 주시옵소서. 개인적으로도 마음이 상한 사람들이 있습니
다. 하나님의 구원을 바라보고 잘못된 삶을 청산하게 하여 주
시옵소서.

거룩하신 하나님, 우리나라의 정치와 경제와 문화가 혼란스
러운 가운데 있습니다. 우리를 둘러싼 정치적, 경제적, 사회적

상황 속에서 하나님의 뜻을 분별하고 온전히 행할 수 있도록 인도하여 주시옵소서. 부족한 종을 좌로나 우로나 치우치지 않게 하시고 중심을 잘 잡고 균형을 잃어버리지 않고 오직 하나님만을 의지하면서 어떤 위기도 잘 극복 할 수 있도록 지혜를 주시옵소서. 사랑이 많으신 예수님의 이름으로 기도합니다. 아멘.

긍정의 한마디

우리가 어떤 일을 감히 하지 못하는 것은 그 일이 너무 어렵기 때문이 아니라 어렵다는 생각에 사로잡혀 그 일을 시도하지 않기 때문이다.

_ 세네카

퇴근길 나의 기도

자신의 연약함을 회복하기 위한 기도

사연을 듣기 전에 대답하는 자는 미련하여 욕을 당하느니라 사람의
심령은 그의 병을 능히 이기려니와 심령이 상하면 그것을 누가
일으키겠느냐 명철한 자의 마음은 지식을 얻고 지혜로운 자의 귀는
지식을 구하느니라 (잠언 18:13-14)

우리에게 양식을 주시고 사랑으로 인도하시는 하나님,

우리가 사회생활을 할 때 불편한 사람들과 불편한 자리에서
만나야 할 때가 많습니다. 이때 피하고 싶은 마음이 먼저 들지
만 우리가 그런 자리를 피할 수 없을 때도 있음을 고백합니다.
업무상의 필요 때문에, 협력하고 함께해야 할 일들 때문에, 때
로는 주어진 책무 때문에 그런 자리에 있게 될 때에 너무나 힘
들고 어렵습니다. 불편함을 편안함으로 바꿀 수 있는 여유를
주시고, 이해관계가 대립되고 갈등이 부각되는 자리에서 안정
된 모습으로 행할 수 있도록 이끌어 주시옵소서. 혹시 불편한
자리에서 우리가 도울 이들이 있다면 도울 수 있는 힘을 허락
해 주시옵소서.

사랑의 하나님, 우리의 연약함을 아시는 성령 하나님께서 화

해자와 중재자로 오셔서 사람간의 막힌 담을 헐어 주시고 평안하게 일할 수 있도록 도와 주시옵소서. 오늘도 주님을 의지합니다. 우리가 사는 세상은 사람들이 서로 협력하지 않으면 살아갈 수 없기에 넓은 마음을 주시고 넓은 아량을 주시어서 넉넉하게 어떤 어려움도 이기게 하여 주시옵소서. 이제 가정으로 돌아갑니다. 돌아가는 발걸음을 지켜주시옵서. 사랑이 많으신 예수님의 이름으로 기도합니다. 아멘.

긍정의 한마디

태도는 사소한 것이지만, 그것이 만드는 차이는 엄청나다. 즉 어떤 마음가짐을 갖느냐가 어떤일을 하느냐보다 더 큰 가치를 만들 수 있다._ 윈스턴 처칠

퇴근길 나의 기도

자신을 진리로 무장하기 위한 기도

가난하여도 성실하게 행하는 자는 입술이 패역하고 미련한 자보다
나으니라 지식 없는 소원은 선하지 못하고 발이 급한 사람은
잘못가느니라 (잠언 19:1)

오늘도 살아계셔서 역사하시는 하나님,

이 연약한 종을 축복해 주시옵소서. 온 세상을 창조하시고
온 인류의 주가 되시는 하나님, 세상의 모든 사람들이 하나님
의 형상으로 지음 받은 존재임을 기억합니다. 하지만 저희들이
이 세상을 살아가는 동안 서로의 다름을 인정하지 못하고 서로
의 차이를 선과 악의 문제로 바라보며 갈등하는 일이 얼마나
많은지 모릅니다. 사람들의 모습과 생각과 의견이, 문화와 삶
의 양식이 다를 수 있음을 긍정하고, 열린 마음으로 대화하고
서로 이해하는 가운데 진정한 화해와 평화를 모색할 수 있도록
우리를 이끌어 주시옵소서.

무릇 지킬 만한 것 보다 마음을 지키라고 했는데 직장 생활
하면서 마음을 지키지 못할 때가 너무나 많습니다. 이 시간 마
음의 심지를 강하게 붙잡아 주시고 유혹에도 흔들리지 않도록

정결한 마음을 주시옵소서. 또한 저에게 부정적인 마음을 긍정적인 마음으로 바꾸어 주시고 유혹을 좇아가던 마음을 돌이키게 하여 주시옵소서. 죄악에 물들어 있는 마음을 용서하시고 증오와 시기의 마음을 용서하여 주시옵소서. 하나님을 더욱 사랑하게 하시고 이웃을 사랑하며 용서하게 하여 주시옵소서. 무엇보다 이 민족에게 하나 되는 마음을 주시옵소서. 이제 일을 마치고 가정으로 돌아갑니다. 돌아가는 발걸음을 지켜 주시옵소서. 사랑이 많으신 예수님의 이름으로 기도합니다. 아멘.

긍정의 한마디

어떤 일을 시작하면 일단 잘될 것이라고 낙관하라. 그러면 그 낙관론이 성공을 안겨줄 것이다._ 톰 피터스

퇴근길 나의 기도

십자가의 능력을 구하는 기도

한결 같지 않은 저울추와 한결 같지 않은 되는 다 여호와께서 미워하
시느니라 (잠언 20:10)

사랑이 많으신 하나님,

주님께서는 인류의 죄를 대속하시기 위해서 십자가에서 죽
으시고 머리에는 가시관을 쓰시고 양손과 양발에 못 박히셨습
니다. 등에는 채찍을 맞으셨습니다. 허리에는 창을 받으셨습
니다. 우리를 구원해 주심으로 인류의 죄와 질병, 저주와 고통,
죽음과 형벌을 다 제하여 주시니 감사를 드립니다. 이제 우리
들이 예수님을 온전히 믿고 다시는 저주의 노예로 살지 않게
하여 주시옵소서. 감사함을 갖고 긍정적으로 살게하여 주시옵
소서. 그리고 이웃에 기쁜 소식을 나눠주며 땅에서 복되고 공
의로운 삶을 살게하여 주시옵소서.

겸손의 왕이 되신 주님, 우리가 일터와 관계 속에서 욕심에
쉽게 빠지는 죄인이지만 불쌍히 여기사 건져 주시옵소서. 우리
가 일터에서 일할 때 하나님의 뜻을 망각하지 않게 하시고 날

마다 일터에서 동료들을 높여주기보다 자신의 인정을 구하며 동료를 존중하기보다 통제하고 조정하려 할 때도 있습니다. 이 시간 오셔서 주님의 인격을 닮아가게 하옵소서. 우리의 일상생활이 날마다 새로워지게 하여 주시옵소서. 오늘도 하루의 일과를 마치고 가정으로 돌아갑니다. 가는 길을 지켜 주시옵서서. 사랑이 많으신 예수님의 이름으로 기도합니다. 아멘.

긍정의 한마디

온통 고난만 가득한 상황에 빠져 단 일분도 견디기 어렵더라도 결코 포기하지 마라. 흐름이 바뀌는 시기와 장소가 있기 때문이다.

_해리에트 비처 스토우

퇴근길 나의 기도

마음을 정결케하는 기도

왕의 마음이 여호와의 손에 있음이 마치 봇물과 같아서 그가 임의로
인도하시느니라 (잠언 21:1)

오늘도 살아계셔서 역사하시는 하나님,

주님을 찬양합니다. 이 시간 저희들에게 찾아오셔서 강한 손
으로 붙잡아 주시고 정결하게 하여 주시옵소서. 예수 그리스도
의 십자가의 보혈로 깨끗해져서 몸과 마음이 새로워지게 하여
주시기를 원합니다.

거룩하신 주님, 우리의 삶이 성령 충만하기를 원합니다. 우
리의 일상은 늘 탐욕의 유혹에 노출되어 있습니다. 매일 만나
는 사람들과 비교하며, 나 자신의 정체성을 잃어가고 있습니
다. 내 마음에 탐욕의 죄를 씻어 주시고 어두운 유혹에 물들지
않고 늘 감사하면서 기쁘게 살게하여 주시옵소서.

이 시간 우리의 마음을 강하게 붙잡아 주시며 세상 유혹에
물들지 않고 깨끗해져서 복음의 능력으로 무장 되어 어디 있던
지 빛과 소금의 역할을 잘 감당하게 하여 주시옵소서. 간절히

구하기는 저희가 믿음이 부족하오니 강한 믿음을 주시옵소서. 성령이 충만하여 열매 맺는 주의 일꾼이 되게 하여 주시옵소서. 복음의 향기를 드러내는 은혜와 능력을 주시옵소서. 사랑이 많으신 예수님의 이름으로 기도합니다. 아멘.

긍정의 한마디

나는 낙심하지 않는다. 모든 잘못된 시도는 전진을 위한 또 다른 발걸음이니까 _ 토머스 에디슨

퇴근길 나의 기도

부르심에 대한 감사 기도

많은 재물보다 명예를 택할 것이요 은이나 금보다 은총을 더욱 택할
것이니라 (잠언 22:1)

오늘도 저희를 붙들어 주시는 하나님,

연약한 저희들을 택하여 불러주시고 의롭다 인쳐 주시고 은
혜를 베풀어 주시니 감사합니다. 저희가 하나님을 택한 것이
아니요 하나님께서 저희를 택해 주신 사랑을 생각할수록 감
사합니다. 그러나 하나님의 택함을 받은 성도로 살지 못할 때
가 있었습니다. 이 시간 회개하오니 용서하여 주시옵소서. 저
희에게 권능과 지혜를 주시고 택함을 받은 성도로 이 세상에
서 바르고 사랑이 넘치는 삶을 살 수 있도록 인도하여 주시옵
소서.

사랑의 주님, 오늘도 피곤하고 지친 가운데 일터에서 일할
때 기쁨을 주시고 희망과 용기를 주시니 감사합니다. 어그러지
고 빛을 잃은 세상 속에서 어떤 일을 하던지 잘 감당하게 하시
고, 어떤 어려움도 잘 이기면서 회복 할 수 있도록 인도하여 주

시옵소서. 어떤 상황에도 낙심하지 않게 하시고 용기를 가지고 잘 극복해서 앞 서 갈수 있는 직장생활이 되게 하여 주시옵소서. 날마다 주님과 동행하는 예수의 사람이 되게 하시고 세상에서 빛과 소금의 역할을 잘 감당하는 일꾼들이 되게하여 주시옵소서. 오늘도 진리의 말씀으로 무장되어서 어두움을 이기고 승리하게 하여 주시니 감사합니다. 하루의 일과를 마치고 가정으로 돌아가는 발걸음을 지켜 주시옵소서. 거룩하신 예수님의 이름으로 기도합니다. 아멘.

긍정의 한마디

한 사람이라도 돌무더기를 보면서 머릿속에 대성당의 이미지를 떠올린다면, 더 이상 그것은 돌무더기가 아니다. _앙투안 드 생텍쥐페리

퇴근길 나의 기도

부모님을 위한 기도

내 아들아 너는 듣고 지혜를 얻어 네 마음을 바른 길로 인도할지니라
술을 즐겨 하는 자들과 고기를 탐하는 자들과도 더불어 사귀지 말라
(잠언 23:19-20)

사랑이 많으신 하나님,

하나님의 자녀로 삼아주신 그날부터 오늘에까지 신령한 복으로 살게 하심을 찬양합니다. 주님 앞에서 두려움이나 실패 없이 합력하여 선을 이루게 하시니 감사합니다.

이 시간, 저희 가정의 부모님의 건강을 위하여 기도합니다. 몸도 마음도 연약하여 건강이 좋지 않습니다. 부모님에게 건강의 복을 주시어서 하루하루가 복된 날이 되게 하시고 영혼과 육신이 강건하게 하여 주시옵소서. 어머니와 아버지의 인생이 행복하시기를 원하오니, 하나님께서 능하신 팔로 부모님을 지켜 주시옵소서. 두 분의 삶을 방해하려는 어두움의 세력을 물리쳐 주시옵소서. 하나님의 은혜로 두 분이 강건하게 해주시옵소서. 하나님의 평강으로 두 분의 삶이 편안하게 하여 주시옵소서. 부모님을 축복하고 그분들의 삶이 영화롭도록 은혜를 베

풀어 주시옵소서. 부모님의 삶이 하나님 앞에 아름답게 하시고, 두 분의 삶을 디딤돌로 삼아 저희들도 하나님을 경외하는 자녀들로 자라나게 하여 주시옵소서. 이제 하루의 일과를 마치고 가정으로 돌아갑니다. 돌아가는 발걸음을 지켜 주시옵소서. 사랑이 많으신 예수님의 이름으로 기도합니다. 아멘.

긍정의 한마디

시도해 보지도 않고는 누구도 자신이 얼마만큼 해 낼 수 있는지 알지 못한다. _ 푸블릴리우스 시루스

퇴근길 나의 기도

선행을 구하는 기도

너는 악인의 형통함을 부러워하지 말며 그와 함께 있으려고 하지도
말지어다 그들의 마음은 강포를 품고 그들의 입술은 재앙을
말함이니라 (잠언 24:1-2)

오늘도 살아계셔서 역사하시는 하나님,

주님께서는 십자가에서 죽으시기까지 저희를 사랑해 주시
니 감사합니다.

오늘날까지 부족한 저를 지켜 주시고 그 은혜로 평안하게 지
내온 것을 생각할 때 감사합니다. 생명의 주 하나님, 주님을 모
시고 살아가는 저희들에게 한 가지 소원이 있습니다. 하나님의
은혜 안에 살면서 남들을 도와주며 나누며 살 수 있도록 물질
과 재능을 주시옵소서.

하나님께서는 모세를 부르시고, 기드온을 부르시고, 다윗을
부르시고, 베드로를 부르시고, 바울을 부르실 때 능력도 함께
주신 것처럼 저희에게도 이런 능력을 주시옵소서. 어떤 어려운
현실이라도 극복하면서 기쁨으로 살게하여 주시옵소서. 찬양
하며, 감사하며, 이웃을 사랑하며, 살게하여 주시옵소서. 믿음

의 조상들처럼 하나님을 기쁘시게 하는 믿음을 주시고, 주님의 말씀에 의지하여 무엇을 하던지 순종하는 사람이 되게 하여 주시옵소서. 날마다 믿음을 잃어버리지 않게 하시고 힘들고 어려워도 십자가에 달려 돌아가신 주님의 인내를 본받아서 믿음의 덕을 쌓으며 살아 갈수 있도록 축복하여 주시옵소서. 이제 하루의 일과를 마치고 가정으로 돌아갑니다. 돌아가는 발걸음을 지켜 주시옵소서. 사랑이 많으신 예수님의 이름으로 기도합니다. 아멘.

긍정의 한마디

불가능하다고 입증되기 전까지는 모든 것이 가능하다. 그리고 불가능한 것도 현재 불가능한 것일 뿐이다 _ 펄 벅

퇴근길 나의 기도

새 힘을 구하는 기도

너는 이웃과 다투거든 변론만 하고 남의 은밀한 일은 누설하지 말라
(잠언 25:9)

우리를 택하시고 부르시는 하나님,

오늘 하루도 직장에서 일하게 인도하여 주시니 감사합니다.
하나님께서는 미리 정하신 그리스도인들을 부르시고 의롭다
하시고 영화롭게 하셨다고 했는데 저희들은 믿음이 성숙하지
못하고 있습니다. 날마다 거룩하기 위하여 노력하지만 거룩이
무엇인지 조차 모르고 살고 있습니다. 이런 저희들을 긍휼히
여기시고 더 큰 믿음을 주시어서 주님의 사랑을 깨닫고 살게하
여 주시옵소서. 때때로 저희는 사람을 보고 회의와 실망을 느
낍니다. 너무 많이 흔들립니다. 그러나 하나님께서 함께 하신
다는 것을 알면 용기와 희망이 생깁니다. 이것을 믿고 언제나
감사하며 용기를 잃지 않는 저희가 되게 하여 주시옵소서.

모든 것은 변하고 낡아져도 주님의 사랑은 영원히 변치 않고
저희를 지켜 주실 줄로 믿습니다. 살다보면 힘든 일도 많고 마

음 아픈 일도 많습니다. 그러나 주님의 사랑을 생각하면 다시 용기가 생기고 기쁨이 생깁니다. 이것을 믿고 늘 기도하는 저희가 되게 하여 주시옵소서. 더 큰 믿음과 내일에 대한 소망을 주시옵소서. 가정으로 돌아가는 발걸음도 지켜 주시옵소서. 사랑이 많으신 예수님의 이름으로 기도합니다. 아멘.

긍정의 한마디

내가 걷는 길은 험하고 미끄러웠다. 그래서 나는 자꾸만 미끄러져 길바닥에 넘어지곤 했다. 그러나 나는 곧 기운을 차리고 내 자신에게 말했다. '괜찮아. 길이 약간 미끄럽긴 해도 낭떠러지는 아니야.' _ 에이브러햄 링컨

퇴근길 나의 기도

연약함을 이기기 위한 기도

네가 스스로 지혜롭게 여기는 자를 보느냐 그보다 미련한 자에게
오히려 희망이 있느니라 (잠언 26:12)

사랑과 은혜가 풍성하신 하나님,

구원해 주시는 은혜를 찬양합니다. 저희의 연약함을 아시는
주님, 저희들의 고통과 한숨을 보시고 은혜의 샘으로 인도하여
주시옵소서. 오늘도 직장에서 일하게 하시고, 지혜와 명철을
주셔서 맡겨진 일을 잘 감당케 하시니 감사합니다. 이 시간 저
희들에게 힘과 용기를 주시어서 책임있는 직장생활을 잘 감당
케 하여 주시옵소서. 그리하여 하루 하루의 직장생활이 보람되
게 하여 주시옵소서.

사랑의 하나님, 이 시간 간구하오니 저희 가정에 하나님의
음성을 들려주시고 하나님의 말씀이 충만하게 하여 주시옵소
서. 날마다 주님께 예배함으로써 은혜의 하나님을 만나기를 원
합니다. 모든 불의와 시기와 미움으로 가득찬 마음을 하나님께
합한 마음으로 변화되게 하여 주시옵소서. 가정의 평안이 사회

와 나라의 평강으로 퍼져나가게 하여 주시옵소서. 사랑이 많으신 예수님의 이름으로 기도합니다. 아멘.

긍정의 한마디

길을 걷다가 돌을 보면 약자는 그것을 걸림돌이라고 하고, 강자는 그것을 디딤돌이라고 한다._ 토마스 칼라일

퇴근길 나의 기도

지혜를 구하는 기도

너는 내일 일을 자랑하지 말라 하루 동안에 무슨 일이 일어날는지
네가 알 수 없음이니라 (잠언 27:1)

사랑과 은혜가 풍성하신 하나님,

저희들을 지켜 주시며 바른길로 인도하시는 하나님께 감사
를 드립니다. 오늘도 저희들에게 새날을 허락 하시고, 일과를
마칠 수 있도록 은혜 베푸심을 감사드립니다. 오늘 하루도 주
님께서 지켜 주시고 인도하여 주셔서 주님 안에서 승리하는
한 날이 되게 하여 주시니 감사합니다. 오늘도 하루의 일을 시
작할 때 저희의 심령을 온전히 주장하셔서 내 힘과 수단과 방
법으로 살지 않게 하여 주시고, 주님을 온전히 의지하며 내 지
혜보다는 주님의 지혜를 의지하는 저희들이 되게 하여 주시
니 감사합니다.

주님이 주신 귀한 하루를 방종하며 헛되이 보내는 저희들이
되지 않게 하시고, 각자 맡은 일에 최선을 다하며 성실히 감당
할 수 있게 하여 주시니 감사합니다. 모든 믿음의 식구들에게

도 함께 하셔서 하루의 생활을 통하여 주님께 충성하며 영광을 나타내도록 지켜 주시고, 위험한 일이 발생하지 않도록 불꽃같은 눈동자로 보호하여 주시옵소서. 사랑이 많으신 예수님의 이름으로 기도합니다. 아멘

긍정의 한마디

희망은 절대로 당신을 버리지 않는다. 단지 당신이 희망을 버릴 뿐이지.
_리저트 브루크너

퇴근길 나의 기도

생활의 지혜를 구하는 기도

악인은 정의를 깨닫지 못하나 여호와를 찾는 자는 모든 것을
깨닫느니라 (잠언 28:5)

사랑이 많으신 하나님,

주님의 은혜와 사랑 속에서 하루의 일과를 무사히 마치고 퇴
근하게 하시니 감사합니다. 오늘 하루의 삶도 주님의 말씀 안
에 거하게 하시며 바른 판단력과 분별력을 주시고 의롭다 칭함
을 받은 자답게 살게하여 주셨사오니 감사합니다. 또한 저희들
에게 정직한 영을 주시고 늘 새롭게 하시며, 경건의 모양을 가
지고 살아가게 하옵소서. 세상의 헛된 소리에 귀 기울이지 말
게 하시며, 미혹에 빠지지 않도록 성령께서 걸음마다 인도하여
주시옵소서.

오늘 하루가 주님 안에서 은혜와 평강으로 이어지게 하시고
전도하는 삶이 되게 하옵소서. 맡겨진 일에 최선을 다하게 하
시고 건강을 더하여 주시어 힘찬 하루를 보내게 하시옵소서.
다른 사람과 비교하면서 살지 않게 하시고 나에게 주신 은사대

로 맡겨진 일을 잘 감당하도록 지혜도 주시고 직장생활에 믿음의 진보가 있게 하여 주시옵소서. 내가 계획한 것보다도 더 발전하고 좋아 질수 있도록 축복하여 주시옵소서. 직장상사를 미워하지 않게 하시고 그들을 위해서 기도 할 수 있는 마음도 주시옵소서. 사랑이 많으신 예수님의 이름으로 기도합니다.

아멘

긍정의 한마디

많은 긍정적 사고를 갖고 있는 기업들이 부정적 사고를 갖고 있는 기업들을 인수해 부자가 되었다._ 로브터 앨런

퇴근길 나의 기도

마음과 생각을 지키기 위한 기도

네 자식을 징계하라 그리하면 그가 너를 평안하게 하겠고 또 네
마음에 기쁨을 주리라 (잠언 29:17)

날마다 우리를 지켜 주시는 하나님,

오늘도 주님을 의지하며 순종하는 길을 걷게 하시고 악한 삶
을 살지 않도록 지켜 주시니 감사합니다. 모든 일 가운데서 주
의 뜻을 나타내며 주님의 영광이 드러나는 하루가 되게 하여
주시옵소서. 내 이득만을 위해 동분서주하지 않게 하시고 남의
짐도 대신 질 수 있는 여유를 허락하여 주시옵소서. 슬픔을 당
한 이웃을 만나면 위로의 말을 주고, 억울함을 당한 이웃을 만
나면 함께 울며 기도할 마음을 주시옵소서. 가정에서나 사회에
서나 모든 사람에게 복음으로 소망을 보여 주며, 이웃들 앞에
서 사랑을 실천하는 진실한 주님의 제자가 되게 하여 주시옵소
서. 어떤 문제에 직면하든지 주님의 뜻이 무엇인지를 생각하게
하시고, 주님의 뜻대로 살게하여 주시옵소서.

사랑의 하나님, 모든 일을 시작할 때도 기도로 시작하고, 선

한 양심에 따라 바른 선택을 하게 하여 주시옵소서. 또한 우리에게 주어진 시간을 아껴 쓰게 하시고, 우리에게 주어진 돈을 허비하거나 낭비하지 말게 하여 주시옵소서. 건강을 위하여 절제 있는 생활을 하게 하시고, 어제보다 오늘이 더 나은 유익한 삶이 되도록 도와 주시옵소서. 오늘도 가정으로 돌아갈 때 하나님의 말씀을 묵상하며 기도하며 돌아가게 하여 주시옵소서. 사랑이 많으신 예수님의 이름으로 기도합니다. 아멘

긍정의 한마디

한순간 불가능해 보이는 것도 신념을 가지면 다음 순간 가능해진다.
_ 노먼 빈센트 필

퇴근길 나의 기도

새벽을 깨우는 기도

내가 두 가지 일을 주께 구하였사오니 내가 죽기 전에 내게 거절하지
마시옵소서 곧 헛된 것과 거짓말을 내게서 멀리 하옵시며 나를
가난하게도 마옵시고 부하게도 마옵시고 오직 필요한 양식으로 나를
먹이시옵소서 (잠언 30:7-8)

　사랑과 은혜가 풍성하신 하나님,

　오늘 하루도 직장에서 일하다가 가정으로 돌아가게 하시니
감사합니다. 오늘 하루의 일과도 힘들고 어려웠지만 직장에서
동료들과 함께 일하면서 서로 위로하고 격려하면서 살게 하시
니 감사합니다. 이시간 간구하기는 저희들이 세상의 안일만을
추구하며 자기를 드러내는 일에는 매우 활발하나 남을 섬기는
데는 태만하였사오니 불쌍히 여기 주시옵소서.

　사랑의 주님, 이런 저희들을 주님의 형상대로 변화되게 이끌
어 주시어서 저희들의 영혼이 늘 그리스도의 빛으로 충만하게
하셔서 죄와 어둠이 없는 깨끗한 영혼이 되게 하시고 육신의
축복뿐만 아니라 영혼의 축복을 간구하는 믿음의 종이 되게 하
여 주시옵소서. 이제 직장에서 일하고 퇴근하오니 퇴근길을 지

켜주시고 가정으로 돌아갈 때 돌아가는 걸음이 복되게 하여 주시옵소서. 또한 저희들의 기도를 주님께서 응답해 주시고 크신 축복을 내려 주시옵소서. 사랑이 많으신 예수님의 이름으로 기도합니다. 아멘

긍정의 한마디

우리가 할 수 있기 전에 배워야 하는 일들을 우리는 하면서 배운다
_ 아리스토텔레스

퇴근길 나의 기도

마음과 생각을 깨우는 기도

내 아들아 내가 무엇을 말하랴 내 태에서 난 아들아 내가 무엇을
말하랴 (잠언 31:2)

저희를 구원해 주시는 하나님,

저희가 주님 앞에서 불의를 행하고 교만하게 살았습니다. 이
시간 저희를 용서하여 주시고 저희 죄를 깨끗하게 씻어 주시옵
소서. 저희들이 직장에서 일할 때에 서로 사랑하게 하시고 감
사하게 하여 주시옵소서.

사랑의 주님, 하나님의 사랑이 저희 일터에 충만하게 하시
옵소서. 또한 저희에게 늘 새로운 용기와 힘을 주시고 한쪽으
로 치우치지 않는 강건한 믿음을 허락해 주시어서 혼란스러운
이 시대에 늘 깨어 기도하는 믿음의 사람이 되게 하여 주시옵
소서. 그리하여 건강하고 행복한 공동체를 가꾸게 하여 주시옵
소서. 직장에서 상사를 위해서 기도하게 해 주시옵소서. 때때
로 그들이 미워질 때가 많습니다. 시기 질투가 날 때가 있습니
다. 이런 마음을 정결하게 하시고 그들을 이해하고 사랑 할 수

있는 마음도 주시옵소서. 내 마음이 더 넓어지게 하시고 더 겸손히 맡겨진 일들을 잘 감당하여 그들이 나를 대하는 태도가 불량하지 않게 하시며 사랑으로 대할 수 있는 마음도 주시옵소서. 사랑이 많으신 예수님의 이름으로 기도합니다. 아멘.

긍정의 한마디

그대의 꿈이 한 번도 실현되지 않았다고 해서 가엾게 생각해서는 안 된다. 정말 가엾은 것은 한 번도 꿈을 꿔보지 않았던 사람들이다._에센바흐_

퇴근길 나의 기도

제 3 장

직장 각 모임에서 기도

나는 어려울 때마다 무릎을 꿇고 기도한다 -에이브러햄 링컨

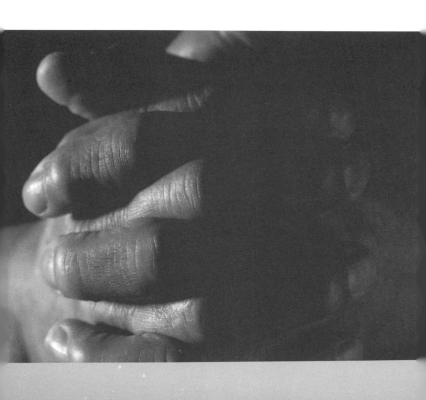

1. 직장 신우회에서 드리는 기도(1)

그러므로 형제들아 내가 하나님의 모든 자비하심으로 너희를
권하노니 너희 몸을 하나님이 기뻐하시는 거룩한 산 제물로 드리라
이는 너희가 드릴 영적 예배니라 (로마서 12:1)

우리를 소망으로 인도하시는 하나님,

이 시간 저희들이 직장에서 신우회 예배를 드리오니 받으시고 축복하여 주시옵소서. 저희들 절망 가운데 건짐을 받고, 질병 가운데 치유를 받으며, 어둠의 세상 가운데 구원을 받게 하심을 감사합니다. 이 시간 세상에서 실패한 심령이라도 오늘 예배를 통하여 능력의 하나님을 체험하게 하여 주시옵소서. 입을 열어 구원을 찬미할 때 기쁨의 노래가 되게 하시고, 열납되는 예배가 되게 하여 주시옵소서. 오늘 드려지는 신우회 예배를 감찰하여 주시옵소서.

예배 중에 함께 하시는 하나님, 세상에서 상하고 찢기운 심령들이 예배를 통하여 구원의 감격을 얻게 하시고, 하나님의 살아 계심과 동행을 깨달을 수 있도록 은혜를 허락하여 주시옵소서.

우리를 인도하시는 하나님,

주 앞에 복종하는 저희들이 임의로 행치 않게 하시고, 일거수일투족을 감찰하시며 인도하셔서 주의 지팡이와 막대기로 안위하여 주시옵소서. 우리는 다 양 같기에 그릇 행하다가 왔습니다. 각기 제 길로 가다가 왔습니다. 하나님의 주권을 인정하지 못한 불신앙을 용서하여 주시옵소서. 주님과 친밀하여지고 가까이 하며, 승리하는 예배가 되게 하여 주시옵소서. 사랑과 은혜가 많으신 예수님의 이름으로 기도합니다. 아멘

긍정의 한마디

칭찬에는 언제나 능력을 키우는 힘이 있다. _ 트머스 드라이어

2. 직장 신우회에서 드리는 기도(2)

그들에게 이르시되 기록된 바 내 집은 기도하는 집이라 일컬음을
받으리라 하였거늘 너희는 강도의 소굴을 만드는도다 하시니라
너희가 기도할 때에 무엇이든지 믿고 구하는 것은 다 받으리라
하시니라 (마태복음 21:13,22)

우리를 소망으로 인도하시는 하나님,

우리를 만족하게 하시는 하나님 감사를 드립니다. 저희들은
연약하여 하나님을 청종하며 말씀을 행하기를 소원하였으나,
입술을 제어하지 못하며, 선하지 못한 눈으로 범죄한 것들을
용서하여 주시옵소서. 오늘 드리는 직장예배를 통하여 하나님
의 은혜가 충만케하여 주시옵소서. 오늘 드려지는 예배를 통해
서 예수 그리스도를 닮아가게 하여 주시옵소서. 주안에서 믿음
과 인격이 날마다 성장하도록 도와 주시옵소서.

오른손에 일곱별을 붙잡고 일곱 금 촛대 사이를 운행하시며
교회를 감찰하시는 주님 앞에 이곳에서 신우회 예배를 드릴 때
마다 모든 직장인들이 늘 감사하면서 예배 할 수 있도록 축복
하여 주시옵소서. 저희 신우회가 모일 때마다 직장예배에 큰
은혜를 허락하여 주시옵소서. 이 시간 설교하시는 목사님을 위

하여 기도합니다. 영력과 지력과 체력을 더하시며 목회사역에 하나님의 권능과 은혜가 충만하게 하여 주시옵소서. 특별히 말씀의 능력을 더하여 주셔서 베드로의 설교를 통하여 수천 명이 회개하고 돌이킨 것같이, 바울의 설교로 세계복음화가 감당된 것 같이 말씀의 능력을 더하여 주시옵소서. 사랑과 은혜가 많으신 예수님의 이름으로 기도합니다. 아멘

긍정의 한마디

미래를 창조하기에 꿈만큼 좋은 것은 없다. 오늘의 유토피아가 내일 현실이 될 수 있다. _ 빅터 위고

3. 직장 모임을 위한 기도

구하라 그리하면 너희에게 주실 것이요 찾으라 그리하면 찾아낼
것이요 (마태복음 7:7)

구하는 자에게 열방을 유업으로 주시는 하나님,

이 시간 직장에서 신우회 예배로 주님께 나와서 감사와 찬양
과 영광을 돌리오니 예배를 받아주시옵소서. 하나님께서 예배
하는 자들을 귀하게 보시오니 주께 나와서 예배하는 저희들에
게 지혜를 주시고 말씀의 은혜를 입게 하여 주시옵소서. 여호
와를 경외함으로 섬기며, 기쁨으로 의지하는 신우회 성도들에
게 건강과 희락과 은혜를 주시옵소서. 믿음의 담력을 얻게 하
여 주시옵소서. 천만인이 우리를 둘러치려 하여도 두려워하지
않게 하시고 잠잠히 하나님을 바라보며 도움을 구하게 하여 주
시옵소서.

사랑의 하나님, 아버지의 영광을 욕되게 하며 허사를 좋아하
고 궤휼을 구한 저희들의 죄악을 용서하여 주시옵소서. 하나님
을 위하여 창조함을 받은 저희들이 하나님의 나라와 의를 구하
기 전에 먹을 것, 입을 것, 쓸 것을 먼저 찾았습니다. 힘을 다하

여 하나님을 섬긴다 하면서도 연약함으로 무너지는 저희들의 믿음을 불쌍히 여겨 주시옵소서. 주님 한 분만으로 만족하는 믿음을 갖게 하여 주시옵소서. 구하는 자에게 주시며, 찾는 자가 얻게 하시며, 두드리는 자에게 열어 주시는 주님께 간구합니다. 저희들을 기도의 사람 만들어 주시옵소서. 우리가 연약하기에 허락하신 성령을 충만케하여 주시옵소서. 사랑과 은혜가 많으신 예수님의 이름으로 기도합니다. 아멘

긍정의 한마디

아름다운 일에 대해서는 칭찬을 아끼지 않는다면 우리 자신은 그 아름다운 일에 참여하는 것이 된다. _라 로슈푸코

4. 직장 신우회의 헌금기도

예수께서 눈을 들어 부자들이 헌금함에 헌금 넣는 것을 보시고
저들은 그 풍족한 중에서 헌금을 넣었거니와 이 과부는 그 가난한
중에서 자기가 가지고 있는 생활비 전부를 넣었느니라 하시니라
(누가복음 21:1, 4)

사람을 세우시고 섭리하시는 하나님,

하나님의 뜻이 하늘에서 이룬 것같이 땅에서도 이루어지는
것을 믿습니다. 이 시간 저희의 예배를 기쁘게 받아 주시니 감
사를 드립니다. 저희가 드리는 예물 또한 기쁘게 받으시고, 축
복하여 주시옵소서. 저희가 하나님께 나아 올 때에 기쁨으로
나왔사오니 하나님께 드리는 예물마다 복에 복을 더하여 주시
사 차고 넘치게 하여 주시옵소서. 예배를 위해서 봉사하는 손
길들을 기억하여 주시고 은혜를 더하여 주시옵소서. 저희에게
믿음위의 믿음을 더하시고, 사랑의 은사를 더하여 주어서 헌신
하게 하시며, 저희가 서로 사랑하게 하여 주시옵소서.

말씀을 읽는 자와 듣는 자, 그 가운데 기록된 대로 지켜 행하
는 자에게 복이 있다고 하신 말씀처럼 지켜 행할 수 있는 결단
과 믿음을 주시옵소서. 사랑과 은혜가 많으신 예수님의 이름으

로 기도합니다. 아멘

긍정의 한마디

일이 뜻대로 되지 않을 때에는 나보다 못한 사람을 생각하라. 원망하고 탓하는 마음이 저절로 사라질 것이다. 마음이 게을러지거든 나보다 나은 사람을 생각하라. 저절로 분발하게 될 것이다. _ 홍자성

5. 직장 신우회의 예배기도(1)

오직 나는 주의 풍성한 사랑을 힘입어 주의 집에 들어가 주를
경외함으로 성전을 향하여 예배하리이다 (시편 5:7)

사랑과 은혜가 충만하신 하나님,

하나님께 영광과 찬송과 감사를 드립니다. 거룩하신 하나님,
부족한 저희를 하나님의 거룩한 존전에 나아오게 하시며 하나
님께 영광을 드리게 하시니 감사합니다. 저희의 죄가 주홍같이
붉을 지라도 양털같이 희어지는 회개의 은혜를 주시옵소서. 사
유하심이 주께 있사오니 용서하여 주시옵소서.

사랑 많으신 하나님, 저희에게 주님의 사랑을 알게 하심으
로 세상에 주님의 공의와 사랑이 펼쳐지게 하여 주시옵소서 저
희에게 주신 많은 것들에 감사하며 입술에 찬양이 끊이지 않도
록 축복하여 주시옵소서. 주님이 저희에게 주신 성령이 그 표
시임을 고백하오니 저희의 삶을 친히 주장하시고 저희와 동행
하여 주시옵소서.

이 시간 말씀을 증거하시는 귀한 주의 종을 위하여 기도하오
니 주님의 말씀을 대언하실 때에 저희가 그 말씀을 믿음으로

순종할 수 있도록 은혜를 더하여 주시옵소서. 험난하고 냉랭한 세상에서 주님의 사랑을 힘입어 믿음을 잃어버리지 않고 방황하며 불신하지 않도록 동행하여 주시옵소서. 저희의 모든 삶을 주님께 맡기오며 사랑 많으신 예수님의 이름으로 기도합니다. 아멘

긍정의 한마디

결심하기에 따라서 무엇이든 이룰 수 있다. 풀지 못할 문제 따위는 없다. 도전으로 생각하면 지식과 지혜를 얻을 수 있는 기회가 될 것이다.

_ 브라이언 트레이시

6. 직장 신우회의 예배기도(2)

여호와께 그의 이름에 합당한 영광을 돌리며 거룩한 옷을 입고
여호와께 예배할지어다 (시편 29:2)

우리를 소망으로 인도하시는 하나님,
하나님의 은혜로 새롭게 거듭나게 하심을 감사합니다.

우리의 심령이 어린아이처럼 순전하여 주님만을 찬양하며
바라볼 수 있도록 축복해 주시옵소서. 모두가 새 소망을 가지
고 주님 나라를 위하여 복된 삶을 살아갈 수 있도록 은혜를 더
하여 주시기를 원합니다.

신령한 말씀으로 거듭나고 그리스도의 보혈의 은혜로 하나
님의 자녀가 되는 복을 믿지 않는 이웃에게도 전할 수 있도록
힘을 주시옵소서. 우리의 삶이 예수님의 향기를 날리는 거룩한
삶이 되도록 허락하여 주시옵소서. 저희를 더욱 거룩하게 하
시고, 연약한 저희를 강하게 하시고 어리석은 저희를 지혜롭게
하시어 우리 구주 되시는 예수님의 삶을 더욱 더 깊이 깨닫는
예배가 되게 하시고 주님의 사랑이 저희의 심령에 물같이 흐
르게 하여 주시옵소서. 저희들이 어떤 여건과 환경을 만나더

라도 믿음으로 살아가려는 결단이 변치 않도록 하시고, 다시는 죄의 길로 들어서지 않도록 지켜 주시옵소서.

우리의 예배를 귀중히 보시는 하나님, 특별히 저희 신우회 예배를 기억하시고 지켜 주시옵소서. 일찍이 주님의 크신 뜻과 섭리가 계셔서 이곳에 직장예배를 드릴 수 있도록 하셨사오니 여기에 모이는 모든 직장인들 마다 큰 은혜로 임하셔서 드리는 예배 속에서도 살아계시는 하나님을 만날 수 있도록 축복하여 주시옵소서. 사랑과 은혜가 많으신 예수님의 이름으로 기도합니다. 아멘

긍정의 한마디

오직 준비된 자만이 중요한 것을 관찰하는 기회를 잡을 수 있다.
_루이 파스퇴르

7. 직장 신우회의 예배기도(3)

오직 나는 주의 풍성한 사랑을 힘입어 주의 집에 들어가 주를
경외함으로 성전을 향하여 예배하리이다 (시편 5:7)

사랑과 은혜가 충만하신 하나님,

우리의 예배가 신령과 진정으로 드려지는 영적인 제사가 되
도록 인도하여 주시옵소서. 이 시간 저희들의 그릇된 생각과
실언, 실수가 있었던 시간들을 회개하오니 용서하여 주시옵소
서. 속된 삶을 살수밖에 없는 연약한 저희들을 용서하시고, 무
거운 죄악들을 깨끗케 하시어 정결된 삶을 살아갈 수 있도록
인도하여 주시옵소서.

저희에게 믿음을 주셨지만 믿음대로 살지 못했습니다. 저희
가 십자가의 은혜를 의지하여 통회하오니 성령의 권능을 내리
셔서 인간의 정욕은 죽고 예수 그리스도의 구속의 은혜만이 충
만하게 하여 주시옵소서.

나라와 민족, 사회와 이웃을 위하여 기도합니다. 저희가 살
아가는 이 나라를 지켜 주시옵소서. 아직도 남북이 분단된 채
서로 다른 사상과 이념을 가지고 살아가고 있습니다. 빠른 시

간안에 민족의 통일이 이루어지게 하시고, 이산의 아픔이 치유되게 하여 주시옵소서. 저희 직장인 예배도 지켜 주시고 더욱 건강하고 성숙한 신우회 예배가 되게 하여 주시옵소서. 저희 신우회 예배를 통해서 직장 안에 있는 안 믿는 사람들이 모두 예수 그리스도를 영접하게 하여 주시옵소서. 모든 영광을 하나님께 돌리오며 예수님의 이름으로 기도합니다. 아멘

긍정의 한마디

자신의 삶을 바꾸고 더 나아가 운명을 개척하고자 한다면 신중하게 말을 선택하고, 사용할 수 있는 어휘의 폭을 넓히려고 끊임없이 노력해야 한다. _ 앤서니 로빈스

8. 직장 신우회의 예배기도(4)

내가 주의 성전을 향하여 예배하며 주의 인자하심과 성실하심으로
말미암아 주의 이름에 감사하오리니 이는 주께서 주의 말씀을 주의
모든 이름보다 높게 하셨음이라 (시편 138:2)

우리의 반석이시요 구원이신 하나님,

이 시간도 감사와 찬양과 영광을 드립니다. 오늘도 주님의
은혜를 찬송하며, 구속의 은혜에 감사와 영광을 돌립니다. 우
리의 죄를 정결케 하시는 하나님, 저희들 추악한 죄의 형상을
가지고 주님 앞에 엎드립니다. 우리의 힘과 능으로 되지 못하
는 죄의 사유하심이 오직 주님께 있음을 고백합니다. 헤아릴
수 없는 은혜가운데 살면서 원망과 불평으로 살아온 모든 죄를
용서하여 주시옵소서. 주님의 크신 능력으로 우리의 마음을 강
하고 뜨겁게 하사 결심을 새롭게 하시고 말씀을 따라 살게하여
주시옵소서.

사랑과 은혜가 충만하신 하나님, 주의 은혜를 더욱 사모하게
하시기를 원합니다. 오직 여호와 하나님께 저희의 생각과 마음
을 털어놓게 하시고, 저희에게 거짓의 겸손이나 위선을 버리게
하여 주시옵소서.

용서하시는 하나님, 저희의 있는 모습 그대로 나아갑니다. 주님께서 저희를 받으실 줄로 믿고 나아가오니 긍휼히 여겨 용서하여 주시옵소서. 시간이 갈수록 빛 되신 주님의 길에서 떠나지 않는 생활을 할 수 있도록 도와 주시옵소서. 오늘도 저희에게 말씀을 대언하시는 목사님을 붙들어 주시고, 전하는 말씀이 심령이 새로워지는 시간이 되게 하여 주시옵소서. 또한 예배를 섬기며 돕는 손길들이 있습니다. 예배를 통하여 말씀의 은혜가 충만케 하여 주시옵소서. 사랑과 은혜가 많으신 예수님의 이름으로 기도합니다. 아멘

긍정의 한마디

생각을 조심해라. 말이 된다. 말을 조심해라. 행동이 된다. 행동을 조심해라. 습관이 된다. 습관을 조심해라. 운명이 된다. 우리는 생각하는 대로 된다.

_마가렛 대처

9. 직장 신우회의 예배기도(5)

여호와가 말하노라 매월 출근길초하루와 매 안식일에 모든 혈육이 내 앞에 나아와 예배하리라 (이사야 66:23)

사랑과 은혜가 풍성하신 하나님,

직장에 나와서 업무를 보다가 예배의 자리에 나왔습니다. 고난과 역경이 끊이지 않는 세상을 살아야 하는 저희들에게 힘과 용기를 주시옵소서. 오직 여호와를 앙망하는 자는 독수리의 날개치며 올라감 같을 것이라고 했사오니 저희에게 새 힘을 주시며, 주님을 앙망하며 경외하는 믿음을 허락하여 주시옵소서. 우리의 삶이 여호와의 영광을 위하여 드려질 수 있도록 축복하여 주시옵소서.

은혜가 풍성하신 하나님, 하나님의 은혜를 사모합니다. 영혼이 잘 됨 같이 범사에 잘되고 강건케 될 줄 믿사오니 늘 성령의 충만함을 허락하여 주시옵소서. 상처 입은 영혼을 주님의 손길로 치유하여 주옵시고, 연약한 심령은 강하게 하심으로 세상의 세파에 휩쓸리지 않도록 담대함을 주시옵소서. 주 앞에 엎드린 우리의 심령을 굽어 살피사 상한 갈대를 꺾지 않으시는 귀한 사랑으로 인도하여 주시옵소서.

　이 시간에 주의 말씀을 선포하는 목사님을 도우셔서 우리를 향하신 하나님의 뜻을 바로 깨닫는 은혜의 시간이 되게 하시고, 말씀을 듣는 우리들의 마음 밭이 말씀의 씨앗이 떨어질 때 삼십 배 육십 배 백 배의 열매가 맺혀질 수 있도록 축복하여 주시옵소서. 주님의 섬김과 사랑이 저희 안에서 온전히 이루어지기를 기도합니다. 예배의 시종을 주님께 맡기오며, 우리 구주 예수 그리스도의 이름으로 기도합니다. 아멘

긍정의 한마디

현명한 사람처럼 생각하라 그러나 사람들의 언어로 의사 소통해라.

_ 윌리엄 버틀러 예이츠

10. 직장 신우회의 예배기도(6)

아버지께 참되게 예배하는 자들은 영과 진리로 예배할 때가 오나니
곧 이 때라 아버지께서는 자기에게 이렇게 예배하는 자들을
찾으시느니라 (요한복음 4:23)

사랑과 은혜가 풍성하신 하나님,

우리를 사랑하셔서 하나님의 형상으로 받으시고 귀한 주의
자녀로 삼아주신 은혜를 감사드립니다. 지난, 한 주간도 주님
이 주시는 은혜로 살게 하심을 감사합니다. 주의 거룩한 존전
앞에 나와서 주님 앞에 예배드릴 수 있도록 허락하심에 감사합
니다. 사랑의 주님, 그리스도 안에서 온전히 자라가야 할 우리
들의 모습이 아직도 어린아이와 같고 육에 속한 자와 같이 이
기적인 욕심에 지배당하고 있습니다. 주는 것 보다 받는 것을
좋아하는 우리의 삶을 주님을 닮아가는 생활로 인도하여 주시
옵소서. 그래서 우리의 삶에서 맺어지는 성령의 열매를 통하
여, 하나님께 영광이 되고 많은 사람들을 올바른 길로 돌아올
수 있게 하는 놀라운 역사가 일어나기를 간절히 원합니다.

특별히 우리 몸을 산 제물로 바치오니 받아주셔서 온 세상
을 구원하기 위한 도구로 삼아 주시옵소서. 우리의 마음과 뜻

과 정성을 다하여 신우회 예배드릴 수 있게 하여 주시고 이 예배를 통해서 주께서 한량없는 은혜로 채워 주시옵소서. 저희들의 연약한 심령이 오직 주님의 광대하신 섭리 속에 강하고 담대할 수 있도록 은혜 내려 주시옵소서. 순서, 순서마다 주께서 친히 인도하여 주셔서 성령 충만한 예배가 되게 하여 주시옵소서. 말씀을 대언하실 목사님에게 성령의 갑절의 영감을 주셔서 우리의 심령이 쪼개어 질 수 있도록 축복해 주시옵소서. 우리를 구원하시는 예수님의 이름으로 기도합니다. 아멘

긍정의 한마디

남들보다 더 잘하려고 고민하지 마라. 지금의 나보다 잘하려고 애쓰는 게 더 중요하다. _ 윌리엄 포크너

11. 직장 신우회의 예배기도(7)

그러므로 형제들아 내가 하나님의 모든 자비하심으로 너희를
권하노니 너희 몸을 하나님이 기뻐하시는 거룩한 산 제물로 드리라
이는 너희가 드릴 영적 예배니라 (로마서 12:1)

우리의 모든 것을 주관하시는 하나님,

주님의 은혜를 사모하여 오늘도 이 자리에 모였습니다. 주님
의 전으로 나아오게 하시는 은혜에 감사합니다. 알면서도 연약
하여 저지른 허물들을 고백하오니 용서하여 주시옵소서. 저희
들의 목자가 되셔서 늘 지켜 주시는 하나님, 은혜에 감사드리
오며, 주의 능력으로 승리케 하여 주시옵소서. 혹 광야의 이스
라엘 백성들처럼 불순종하여 40년의 세월을 유리하지 않도록,
주의 인도하심에 순종할 수 있는 힘을 주시옵소서. 저희의 마
음 밭을 옥토와 같게 하시어 오늘 예배를 통하여 주시는 말씀
에 열매를 맺게 하여 주시옵소서.

오직 주님만을 바라보며 순종하고 영광 돌릴 수 있도록 은혜
를 더하여 주시고 신령한 것들로 채워주시기를 간구합니다. 저
희가 기도할 때, 저희와 동행하여 주시옵소서. 늘 주님 앞에 부
끄러운 저희들을 고백하오니 오래 참으시는 주께서 긍휼히 여

기심으로 용서받게 하여 주시옵소서. 오늘 드려지는 직장예배 또한 주님의 임재하심으로 받으시는 거룩한 예배가 될 수 있도록 축복하여 주시옵소서. 오늘도 드려지는 예배 속에서 성령의 교통하심을 강하게 느끼며 승리하는 예배가 되게 하여 주시옵소서. 사랑과 은혜가 많으신 예수님의 이름으로 기도합니다. 아멘

긍정의 한마디

내일 일을 걱정하지 말라. 내일 일은 내일 스스로가 맡을 것이니 그날의 괴로움은 그날로 족하다._ 밀란 쿤데라

12. 직장 신우회의 예배기도(8)

그러므로 너희도 영적인 것을 사모하는 자인즉 교회의 덕을 세우기
위하여 그것이 풍성하기를 구하라 (고린도전서 14:12)

믿음의 주가 되시며, 우리를 온전케 하시는 하나님,

혼란 속에서도 주님을 의지할 수 있는 믿음을 주시니 감사합
니다. 오늘 직장예배로 나오게 하셔서 경배와 찬양을 드립니
다. 드려지는 예배가 저희 마음이 뜨겁게 하시고 오직 주님만
바라보는 귀한 시간이 되게 하여 주시옵소서. 저희의 심령을
주께로 향하오니, 우리의 삶을 주관하시는 주께서, 우리를 인
도하여 주시옵소서.

주님 앞에 설 때마다 저희들의 연약함을 고백합니다. 입으
로는 "부름 받아 나선 이 몸 어디든지 가오리다" 라는 찬송을
부르면서도 아무 데도 가지 않고 순종하지 않았던 거짓말쟁이
였던 사실에 마음을 찢어 회개하오니 용서하여 주시옵소서. 주
님의 뜻을 실천하기 위하여 힘쓰고 노력하기보다는 세상의 영
광과 세속적인 영화를 유지시켜 보려고 힘쓰던 저희들의 모습
을 용서하여 주시옵소서. 세속적인 것을 버리지 못하는 나약한

믿음을 붙들어 주시옵소서. 주님께서 진정한 일꾼을 찾으시는 이때에 주님의 음성을 들을 수 있는 영적인 귀를 열어 주시옵소서. 주님 앞에 설 때마다 거룩함이 회복되게 하시고, 세속의 종으로서가 아닌 주님의 충성스러운 종으로 살기에 부족함이 없는 인생이 되게 하여 주시옵소서.

저희에게서 그리스도의 냄새가 나게 하시고 그것으로 세상에 주님의 살아 역사하심을 드러낼 수 있도록 믿음을 더하여 주시옵소서. 주님을 따를 수 있는 직장인이 되게 하여 주시옵소서. 귀한 말씀을 대언하실 목사님 위에 함께 하사, 저희가 오늘도 말씀을 듣는 가운데 하나님의 섭리를 바로 깨달을 수 있는 영안이 열리게 하여 주시옵소서. 사랑과 은혜가 많으신 예수님의 이름으로 기도합니다. 아멘

긍정의 한마디

한 인간에게서 모든 것을 빼앗아 갈수는 있지만, 한 가지 자유는 빼앗아 갈 수 없다. 바로 어떠한 상황에 놓이더라도 삶에 대한 태도 만큼은 자신이 선택할 수 있는 자유이다._ 빅터 프랭클

13. 직장 신우회의 예배기도(9)

하나님이여 내 속에 정한 마음을 창조하시고 내 안에 정직한 영을
새롭게 하소서 (시편 51:10)

날마다 우리를 새롭게 하시는 하나님,

부족한 저희의 인생을 버려두지 아니하시고 주님의 백성으
로 불러 주셔서 빛과 진리 가운데로 인도하여 주시니 감사드립
니다. 저희의 연약함으로 인하여 주님과 멀어지고 있지는 않은
지 돌아보는 시간이 되게 하여 주시옵소서.

믿음이 부족한 저희들의 연약함을 용서하여 주시옵소서. 지
난 한 주간도 우리 영혼을 경영하시는 주님께서 함께 계심에도
불구하고 혼자인 것처럼 생활하며 괴로워 했습니다. 주님! 이
제 아버지 집으로 돌아온 저희들을 긍휼이 여기시고 주님을 주
인으로 모시고 살아갈 수 있는 심령으로 변화시켜 주시기를 원
합니다.

오늘도 주님 앞에 들고 온 온갖 근심과 절망의 멍에들을 풀
어서 가볍게 하시고, 힘에 겨워 감당치 못해 스스로 포기하는
어려운 문제들도 주 앞에 내려 놓으므로 해결 받는 복된 시간

이 되기를 원합니다. 오늘도 직장예배를 드리는 가운데 성령의 위로가 있게 하시고, 목사님을 통하여 주의 말씀을 전달받을 때에 위로부터 내리시는 은혜를 충만히 받는 시간이 되게 하여 주시옵소서. 우리가 드리는 직장예배를 통해서 각 신우회가 든든히 세워지게 하시며, 주의 나라가 날마다 확장되는 역사가 있게 하여 주시옵소서. 사랑과 은혜가 많으신 예수 그리스도의 이름으로 기도합니다. 아멘

긍정의 한마디

세상을 보는 관점에 따라 즐거운 삶과 고통에 찬 삶, 성공하는 인생과 실패의 인생이 결정된다. _ 랄프 트라인

14. 직장 신우회의 예배기도(10)

좋은 것으로 네 소원을 만족하게 하사 네 청춘을 독수리 같이 새롭게
하시는도다 (시편 103:5)

사랑과 은혜가 충만하신 하나님,

저희를 위하여 어제도 계셨고 오늘도 그리고 영원히 여기에
계심을 믿고 감사드립니다. 지나온 날들을 되돌아 볼 때에 여
전히 이곳에 사랑의 하나님이 말없이 동행하시며 저희를 지켜
주시고 계셨음을 고백합니다.

우리의 마음에 죄의 습관을 버리도록 인도하시고 성령님께
서 저희를 온전히 다스릴 수 있도록 심령을 주장하여 주시옵소
서. 저희를 눈동자처럼 날마다 보호하시는 하나님의 역사에 감
사하오며, 우리의 삶이 오직 하나님의 영광을 위한 삶이 되도
록 축복하여 주시옵소서. 오직 하나님의 자녀가 된 축복을, 믿
지 않는 이웃들에게 복음을 전 할 수 있도록 인도하여 주시옵
소서. 저희를 죄에서 해방시키신 주님의 사랑을 온 누리에 전
하도록 전도자의 일을 허락하시고 그것을 감당 할 수 있도록
새 힘을 허락하여 주시옵소서. 우리를 인도하시는 주님의 길이

진리와 생명의 길임을 고백하고 확신하오니 주님이 주신 사명을 잘 감당할 수 있도록 인도하여 주시옵소서. 사랑과 은혜가 많으신 예수님의 이름으로 기도합니다. 아멘

긍정의 한마디

어릴 적 나에겐 정말 많은 꿈이 있었고, 그 꿈의 대부분은 많은 책을 읽을 기회가 많았기에 가능했다고 생각한다. _빌 게이츠

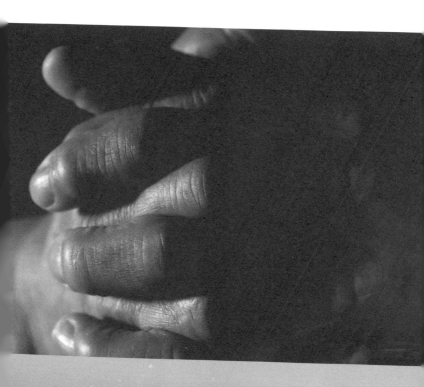

제 4 장
직장에서 각종 모임을 위한 기도

할 수 없을 만큼이 아니라 할 수 있는 만큼 기도하라. _돔 채프만

1. 성경공부 모임을 위한 기도(1)

또 어려서부터 성경을 알았나니 성경은 능히 너로 하여금 그리스도 예수 안에 있는 믿음으로 말미암아 구원에 이르는 지혜가 있게 하느니라 (디모데후서 3:15)

한 사람의 영혼을 천하보다도 귀히 여기시는 하나님,

너무도 약하고 부족한 저희들을 주님의 자녀 삼아 주시고 한 작은 그룹으로 모여서 성경공부하게 하시니 감사합니다. 우리에게 주님을 향한 열정과 사랑을 더하사 한 가족이 되게 하시어서 성경공부를 통해서 하나님의 말씀을 잘 배우게 하시고 주님을 잘 섬기게 하여 주시옵소서. 여기에서 성경 공부하는 한 사람, 한 사람에게 믿음이 날로 성장하게 하여 주시옵소서.

사랑의 하나님, 성경공부 모임이 초대교회처럼 성령이 충만한 모임이 되게 하여 주시고 말씀으로 충만하고, 은혜로 충만하며, 사랑으로 뜨겁게 되기를 원합니다. 여기서 말씀을 배우고 자기가 속한 직장으로 돌아가서 빛과 소금의 역할을 감당하게 하시고 배운 것을 실천 할 수 있는 능력을 주시옵소서. 특별히 간구하는 것은 함께 성경을 공부하는 형제(자매)가 건강이 좋지 않아서 어려움을 당하고 있습니다. 주님이 찾아가셔서 치유하여 주시고 고쳐 주시옵소서. 모든 병을 고쳐 주시는 예수님, 우리에게도 은혜를 주셔서 감기 몸살로 힘들어 하는 우리 멤버들을 치유하여 주시고 회복시켜 주시옵소서. 특별히 어려움 당한 회원들에게 주님이 함께 하셔서 믿음으로 잘 극복하게 하시고, 믿음이 더해짐으로 은혜가 넘쳐나게 하여 주시옵소서. 사랑이 많으신 예수님 이름으로 기도합니다. 아멘.

긍정의 한마디

꿈을 기록하는 것이 나의 목표였던 적은 없다, 꿈을 실현하는 것이 나의 목표이다. _만 레이

2. 성경공부를 위한 모임기도(2)

성경에 기록되었으되 보라 내가 택한 보배로운 모퉁잇돌을 시온에
두노니 그를 믿는 자는 부끄러움을 당하지 아니하리라 하였으니
(베드로전서 2:6)

저희들의 생명이시며, 소망이 되시는 하나님,

교회의 지체된 저희들이 이 시간, 성경공부로 모여서 주님께
영광 돌릴 수 있게 인도하여 주시니 감사합니다. 주님께서는
우리를 택하여 주시고 오늘날까지 보호하시고 지켜 주셨지만
저희들은 주님의 뜻을 깨닫지 못하고 죄악 가운데 살았습니다.
저희들을 불쌍히 여기셔서 죄 가운데서 구해 주시고 하나님께
충성된 삶을 살게 도와 주시옵소서.

사랑의 주님, 저희 성경공부 회원들을 위하여 기도합니다.
저희가 하나님께 인정받는 직장인이 되게 하시고, 사랑과 은혜
가 충만하게 하여 주시옵소서. 서로 사랑하여 거룩하신 형제들
로 묶어 주시고 돌보아 주시옵소서. 각 회원들의 기도 제목들
이 이루어지게 하여 주시옵소서. 특별히 간구하는 것은 여러
가지 처지와 환경에 따라서 출타해 있는 회원들이 있사오니 어
느 곳에 있든지 굳건한 믿음으로 지켜 주시고, 기쁨의 소식이

들려지게 하여 주시옵소서. 성경 공부하는 모임을 위하여 수고하시는 리더를 축복하셔서 부족함 없도록 건강도 지켜 주시옵소서. 오늘 모임 위에 크신 복을 내려 주시사 향기로운 모임이 되게 하시고, 하나님께서 기뻐 받으시는 성경공부 모임이 되게 하여 주시옵소서. 사랑과 은혜가 많으신 예수님의 이름으로 기도합니다. 아멘.

긍정의 한마디

믿음은 선의의 거짓이 아닌 사실에 근거해야 한다. 사실에 근거하지 않는 믿음은 저주받아 마땅한 헛된 희망이다. _토마스 에디슨

3. 성경공부 모임을 위한 기도(3)

그러나 성경이 모든 것을 죄 아래에 가두었으니 이는 예수 그리스도를 믿음으로 말미암는 약속을 믿는 자들에게 주려함이라 (갈라디아서 3:22)

사랑과 은혜가 풍성하신 하나님,

이 시간 저희 회원들이 일상의 일을 마치고 성경공부 모임으로 모였습니다. 주님을 찬양하고 경배하기를 원하오니, 성령님 이곳에 임재해 주시옵소서. 또한 이 시간을 통해 회원들끼리 서로 기도하면서 섬기는 시간이 되게 해 주시옵소서. 가까이 있지만 서로 잘 알지 못하고 섬기지 못하는 회원들도 있습니다. 이 시간, 서로를 알게 하시고, 화목하게 하시고, 서로 섬길 수 있는 귀한 교제의 시간이 되게 해 주시옵소서. 이 시간을 통하여 심령이 상한 자가 있다면 위로를 받고, 육신의 병이 있다면 성령의 능력으로 깨끗이 나을 수 있는 시간이 되도록 인도해 주시옵소서. 마음의 상처를 터놓고 얘기할 수 없는 고민이 있다면, 상한 마음을 어루만져 주시고 해결함 받을 수 있는 귀한 시간으로 인도하여 주시옵소서.

은혜로우신 하나님,

저희들이 있는 모습 그대로 성경을 공부하오니 우리를 가르치는 리더에게도 은혜를 주시어서 잘 가르치게 하시고 저희들은 배운 것을 실천하는 믿음의 사람들이 되게 하여 주시옵소서.

이 시간, 저희들이 성경공부를 시작하오니 잘 배우게 하시고 주님의 사람으로 변화 되어서 주님의 영광을 드러내며, 주의 나라에 일꾼 되도록 인도하여 주시옵소서. 사랑과 은혜가 많으신 예수님의 이름으로 기도합니다. 아멘.

긍정의 한마디

승자가 즐겨 쓰는 말은 '다시 한번 해보자'이고 패자가 즐겨 쓰는 말은 '해 봐야 별 수 없다'이다. _탈무드

4. 성경공부 모임을 위한 기도(4)

이 복음은 하나님이 선지자들을 통하여 그의 아들에 관하여 성경에
미리 약속하신 것이라 (로마서 1:2)

사랑이 많으신 하나님,

저희 성경공부 모임을 인도하시고 축복하여 주시니 감사드
립니다.

저희들 세상에 살면서 분주하게 살다가 왔습니다. 예수 그리
스도 안에서 하나가 되게 하시고 서로가 서로를 사랑함으로 나
보다 남을 낫게 여기며, 성령 안에서 아름다운 교제를 나누게
하시며 서로 위로 받게 하여 주시기를 기도드립니다. 성령 안
에서 서로가 서로에게 친절과 긍휼을 베풀게 하여 주시어서,
예수 그리스도 안에서 한 마음으로 사랑을 나누게 하시며, 성
령 안에서 한 마음, 한 뜻으로 하나가 되게 하여 주시기를 원합
니다.

사랑의 하나님, 우리 모임이 하나님의 말씀에 순종하는 모임
이 되기를 기도합니다. 하나님 안에서 무엇을 하여야 기뻐하
는 일인지를 구별하는 자들이 되게 하여 주시고 또한 우리 회

원 한 분 한 분이 주님을 통해서 힘과 능력을 공급받기를 원하오니 성령의 능력을 덧입혀 주시옵소서. 또한 저희가 마음을 다하여 믿은 것은 실천하게 하시고 열매를 맺게 하여 주시옵소서. 사랑이 많으신 예수님의 이름으로 기도합니다. 아멘

긍정의 한마디

목표를 보는 자는 장애물을 겁내지 않는다. _ 한나 모어

5. 성경공부 모임을 위한 기도(5)

너희가 성경에서 영생을 얻는 줄 생각하고 성경을 연구하거니와 이 성경이 곧 내게 대하여 증언하는 것이니라 (요한복음 5:39)

사랑과 은혜가 풍성하신 하나님,

저희 회원들이 세상에서 분주히 살다가 이 시간 성경공부 모임에 참석하게 하시니 감사를 드립니다. 오늘 이 시간, 저희들에게 임하셔서 꼭 필요한 말씀을 허락하여 주시옵소서. 저희들은 어리석고 미련하여서 각자 형편과 처지를 잘 알 수 없사오니 말씀과 기도로 우리의 마음과 생각이 정결케 하여 주시옵소서.

저희들 마음이 온유하게 하시어서 서로의 마음을 잘 알게 하시고, 우리의 교제를 통해서 성령님의 역사가 임하게하여 주시옵소서. 영적으로 힘든 사람들에게 새 힘을 허락하시고, 육체적으로 병든 지체에게 주님의 보혈의 능력으로 치료하여 주시옵소서. 물질 문제, 생활의 염려로 힘든 지체들에게 새 힘을 얻게 하여 주시옵소서. 질병으로 고생하는 회원들을 위하여 기도하오니, 치유의 역사가 일어나게 하여 주시옵소서.

이 시간, 성령께서 저희의 마음을 다스리셔서 하나님께서 기뻐 받으시는 성경공부 모임이 되게 하여 주시옵소서. 이 복된 모임에 우리 모두가 하나가 되어서 한 입으로 주님께 영광 돌리기를 소망 합니다. 우리의 모임을 축복하여 주시옵소서. 사랑과 은혜가 많으신 예수님의 이름으로 기도합니다. 아멘.

긍정의 한마디

고난이나 난관이나 부정적인 면보다도 긍정적인 면을 먼저 생각하고 고려하자. 희망하는 일들을 하나하나 성취해 나가자. _ 노만 빈센트 필

6. 각종 모임을 위한 기도

빌기를 다하매 모인 곳이 진동하더니 무리가 다 성령이 충만하여
담대히 하나님의 말씀을 전하니라 (사도행전 4:31)

사랑이 많으신 하나님,

우리를 택하여 아버지의 자녀가 되게 하셨음을 감사하며 이
렇게 직분을 주셔서 모여 의논하는 시간을 주신 것을 감사드립
니다. 우리에게 맡겨진 직책을 성실히 이행치 못하고 충성을
다하지 못한 것을 용서하여 주시옵소서. 우리 모두 열매 맺는
일꾼들이 되게 하여 주시옵소서.

이 시간 우리의 의논하는 일들이 하나님께 영광되게 하여 주
시옵소서. 우리의 뜻과 하나님의 뜻이 일치하게 하여 주시옵소
서. 우리가 서로 좋은 생각을 하게 하시고 생산적이고 건설적
인 의견을 말하게 하시고, 타인의 의견을 서로 존중하게 하시
옵소서. 여기서 결정된 일들을 책임 있게 수행하고, 협력하여
성취되게 하여 주시옵소서. 하나님께 영광을 돌리게 하여 주시
옵소서.

맡은 자들에게 구할 것은 충성이라고 하였으니 착하고 진실

한 종들이 되게 하여 주시옵소서. 사랑과 은혜가 많으신 예수님의 이름으로 기도합니다. 아멘.

긍정의 한마디

자신이 좋아하는 일을 하는 사람은 누구나 열정과 에너지를 그것에 쏟아붓는다. 자신이 진정으로 하고 싶은 일을 찾아 하는 것, 그것이 가장 중요한 일이다. _ 노만 빈센트 필

제 5 장
직장에서 두려움이 찾아 올 때 기도

기도가 대화인 것은 그와 이야기하기 때문이다 -빌리 그레이엄

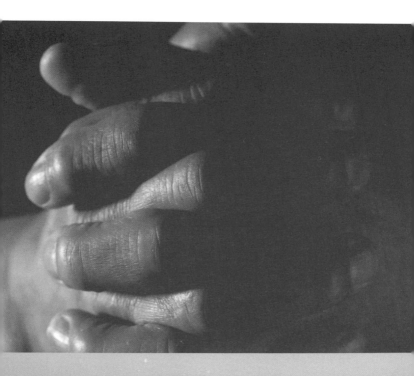

1. 직장에서 두려움을 이기는 기도

너희 안에서 착한 일을 시작하신 이가 그리스도 예수의 날까지
이루실 줄을 우리는 확신하노라 (빌립보서 1:6)

사랑과 은혜가 풍성하신 하나님,

오늘도 기도 할 수 있는 시간을 허락하시니 감사합니다. 하
루하루 살아가면서 오고 가는 직장생활 속에서 지치고 힘들고
피곤 할 때가 많습니다. 그때마다 지혜와 용기를 주시고 어떤
어려움도 이겨 낼 수 있는 은혜를 허락하여 주시옵소서. 낙심
되고 어려울 때마다 큰 믿음을 주시어서 낙심하지 않고 주님께
서 주시는 힘과 능력으로 하나님을 바라보게 하여 주시옵소서.

두려워하지 말라, 내가 너와 함께 하시겠다고 말씀하신 하나
님의 약속을 믿습니다. 날개치며 오르는 독수리처럼 하나님을
의지하고 새 힘을 얻어서 올라가는 직장생활이 되게 하여 주시
옵소서. 저희들 때로는 염려 근심으로 인하여 흔들릴 때가 많
습니다. 오셔서 권능의 팔로 붙잡아 주시고 어떤 어려움도 이
기며 믿음으로 승리 할 수 있도록 도와 주시옵소서. 우리 앞에
다가오는 난관들을 이기게 하시고 낙망하지 않고 믿음위에 든

든히 서서 하나님을 찬양하며 감사하면서 승리하게 하옵소서. 이 시간 고난당하고 소외당한 사람들에게 위로와 산 소망을 주시고 믿음으로 승리하게 하여 주시옵소서. 사랑이 많으신 예수님의 이름으로 기도합니다. 아멘.

긍정의 한마디

습관을 바꾸는 것만으로도 자신의 인생을 바꿀 수 있다. _윌리엄 제임스

2. 직장에서 화목을 위한 기도

내가 말을 시작할 때에 성령이 그들에게 임하시기를 처음 우리에게
하신 것과 같이 하는지라 (사도행전 11:15)

거룩하시고 사랑이 많으신 하나님,

가족 간에 냉담하고 이기심이 팽배한 이 사회에 주님의 뜨거
운 사랑으로 온정이 넘쳐나게 하여 주시옵소서. 패역한 생각을
버리고 가슴을 열고 서로 용서하며 남의 눈의 티끌보다 내 눈
의 들보를 보게 하여 주시옵소서. 자신을 돌아볼 줄 아는 겸허
한 마음을 주시고, 부모와 자녀 간에, 이웃과 사회에 멍든 가슴
이 따뜻한 사랑으로 치유되고 새로운 생명력으로 회복되는 역
사가 일어나게 하여 주시옵소서.

저희들 때때로 어려운 일을 당하고 고통스러운 일을 당하지
만 지나고 보면 고난당한 것이 유익이었음을 알게 되었습니다.
고난당했기에 다른 사람의 슬픔을 이해할 수 있게 되었으며 인
생의 강인함도 배우게 되었습니다. 하나님의 섭리에 늘 감사
하며 기쁨으로 살게하여 주시옵소서. 이 기쁨을 이웃과 나누게
하여 주시옵소서.

이 시간 간구하기는, 직장생활을 위해서 기도합니다. 상사와 동료들이 서로 화목하게 하시고 반목과 괄시가 너무 심하오니 중간에서 균형을 잘 맞추어 서로에게 상처를 주지 않도록 균형 잡힌 마음과 지혜를 주시옵소서. 서로를 배려하는 마음도 주시고 용기와 격려하는 마음도 주시옵소서. 사랑이 많으신 예수님의 이름으로 기도합니다. 아멘.

긍정의 한마디

태어나면서부터 강했던 자는 없다. 주위에 있는 자기를 나약하게 하는 모든 것들과 정면으로 싸워 이긴 자만이 강한 사람이 될 수 있다. _박정용

3. 직장에서 용서를 구하는 기도

너희가 이같이 어리석으냐 성령으로 시작하였다가 이제는 육체로
마치겠느냐 (갈라디아서 3:3)

사랑과 은혜가 풍성하신 하나님,

저희들을 용서하시고 좌절한 사람들에게 용기를 주시며 상
처 받은 사람을 위로하시고 실패한 사람들에게 다시 한 번 기
회를 주시는 하나님을 찬양합니다. 이 시대, 나라와 민족, 개인
에게 긍휼이 필요하오니, 서로가 서로를 긍휼히 여기게 하시며
사랑하게 하여 주시옵소서. 이 나라가 긍휼이 없어 비극적인
일들이 속출하고 있습니다. 서로가 서로를 긍휼히 여기는 직장
이 되게 하시고 사랑과 은혜로 서로 존중하는 직장이 되게 하
여 주시옵소서.

사랑의 주님, 저희에게 힘을 주시어서 서로 사랑하게 하여
주시옵소서. 하나님의 용서를 받은 저희들, 이제는 이웃을 용
서하는 마음으로 살게하여 주시옵소서. 저희에게 관용할 수 있
는 힘을 주시옵소서. 이제는 증오의 사슬에서 해방되게 하시고
이웃을 용서하며 원수라도 사랑할 수 있는 힘을 주시옵소서.

잃었던 행복과 기쁨을 용서로 다시 찾게 하시옵소서. 사랑과
은혜가 많으신 예수님의 이름으로 기도합니다. 아멘.

긍정의 한마디

습관이란 인간으로 하여금 그 어떤 일도 할 수 있게 만들어준다.

_도스토 예프스키

4. 직장에서 자신의 부족함을 이기는 기도

너희 성도들아 여호와를 경외하라 그를 경외하는 자에게는 부족함이 없도다 젊은 사자는 궁핍하여 주릴지라도 여호와를 찾는 자는 모든 좋은 것에 부족함이 없으리로다 (시편 34:9-10)

우리를 소망으로 인도하시는 하나님,

이 시간 하나님을 찬양합니다. 하나님께서는 저희를 택하시고 부르시고 의롭다 하시고 영화롭게 하시니 감사를 드립니다. 그러나 때때로 의심을 갖고 절망하거나 원망할 때가 많았습니다. 저희를 용서하여 주시옵소서. 의심하여 하나님의 뜻을 거역하는 일이 없게 하시고 모든 사람들에게 하나님께서 살아 계신 증거를 나타낼 수 있도록 도와 주시옵소서. 환경이 어려워 의심하는 일들이 많이 일어나고 있습니다. 믿음을 지키게 하여 주시옵소서.

어떤 고난이나 어려움이 와도 그 사랑을 믿으며 인내하게 하시옵소서. 사람이 핍박하고 환경이 어두워도 주님께서 전능자가 되시고 빛이 되신다는 것을 믿습니다.

저희들은 연약합니다. 부족합니다, 이 시간 찾아오시어서 은혜를 베풀어 주시옵소서 부족한 저희들에게 사랑과 관용을 주시옵소서. 다른 사람의 비판이나 지적에 귀를 기울이고 깨닫게 하시고 감사하며 살게 하여 주시옵소서. 다른 사람의 목소리를 조금도 참지 못하고 화를 내고 분노를 삭이지 못하는 어리석음에서 해방되게 하시고 다른 사람의 세계를 이해하게 하시며 나와 같지 않은 사람의 성격을 받아들이게 하시옵소서. 그렇게 할 수 있도록 힘과 이해심을 주시옵소서. 저희의 힘으로서는 불가능합니다. 성령님께서 도우시고 역사하여 주시옵소서. 사랑과 은혜가 많으신 예수님의 이름으로 기도합니다. 아멘

긍정의 한마디

삶은 부메랑이다. 우리들의 생각, 말, 행동은 언제가 될지 모르나 틀림없이 되돌아온다. 그리고 정확하게 우리 자신을 그대로 명중시킨다. 말에는 창조의 힘이 숨어있다. 원하는 것을 말하고 또 말하라. _ 플로랑스 스코벨 쉰

5. 직장에서 불안을 물리치는 기도

내 영혼아 네가 어찌하여 낙심하며 어찌하여 내 속에서 불안해하는가
너는 하나님께 소망을 두라 (시편 42:5)

은혜와 사랑이 충만하신 하나님,

저희와 함께 하시는 하나님을 찬양합니다. 저희의 삶을 긍휼
히 여겨 주시옵소서. 정수리부터 발끝까지 상하지 않은 곳이
없사오니 저희를 회복시켜 주시옵소서. 고난을 당하면서 생각
해 보니 저희가 주님 앞에 잘 못 살아 온 게 많습니다. 용서해
주시고 일으켜 주시어서 다시 일어나게 하여 주시옵소서.

저희 모두에게 할 수 있다는 믿음과 꿈을 주심을 감사합니
다. 이제는 주님의 사랑받는 자녀답게 마음에서부터 오는 불
안, 좌절감이 사라지게 하여 주시옵소서. 과거에 집착한다든지
서로 분쟁함으로써 힘을 소진하지 않게 하시고 미래를 위해 서
로 화해하게 하여 주시옵소서.

이제는 주의 말씀을 의지하면서 살아갈 때 불안과 걱정이 사
라지게 하시고 그 어떤 세력도 예수님의 사랑에서 저희를 끊을
수 없음을 알게 하여 주시옵소서. 사랑과 은혜가 많으신 예수

님의 이름으로 기도합니다. 아멘.

긍정의 한마디

목표가 확실한 사람은 아무리 거친 길이라도 앞으로 나갈 수 있다. 그러나
목표가 없는 사람은 아무리 좋은 길이라도 앞으로 나갈 수 없다.

_ 토머스 칼라일

6. 직장에서 영적 성숙을 구하는 기도

의인은 종려나무 같이 번성하며 레바논의 백향목 같이 성장하리로다
(시편 92:12)

우리를 소망으로 인도하시는 하나님,

오늘도 주님의 말씀의 권세를 가지고 직장에 출근하여 영적 전투에 나아갑니다. 이 시간 저로 하여금 사탄과 그의 부하들의 세력을 능히 대적하고 제거해 주시옵소서. 어제나 오늘이나 영원히 동일하신 예수님의 이름의 권세 아래 정사와 권세와 사탄의 모든 세력과 모든 만물들이 무릎을 꿇고 굴복할 것을 믿고 대적할 때 승리하게 하여 주시옵소서.

저는 악한 영의 거짓과 속임수에 맞서기 위해 아버지의 진리의 허리띠를 띠고, 사탄의 악한 생각과 참소를 무찌르기 위해 의의 흉배를 붙이고, 악한 마귀를 대적하기 위해서 나가오니 강한 믿음과 담력을 주시옵소서. 평안의 복음의 예비한 신발을 나갈 때 성령의 기름 부음이 임하게 하여 주시옵소서. 제 영혼을 넘보는 회의와 불신에 빗장을 제거해 주시고 모든 것 위에 믿음의 방패를 더하여 주시사 사탄의 공격으로부터 제 몸과 영

혼을 보호하여 주시옵소서.

  아버지의 구원의 투구를 쓰고 성령의 검을 들고 나갈 때 오늘도 악한 마귀의 궤계를 능히 대적하여서 정사와 권세와 어두움의 세상 주관자들을 물리치고 믿음으로 승리하게 하여 주시옵소서. 오늘도 이 세상에 복음을 막고 있는 견고한 진들을 무너뜨리고 영적 전투에서 승리하게 하여 주시옵소서. 살아계신 예수님의 이름으로 기도합니다. 아멘

긍정의 한마디

마음을 천국으로 만들고 싶은 이들이여, 자기 마음속에 마술을 부려 즐겁고 찬란한 하루를 만들어라. _ 토마스 에디슨

7. 직장에서 은혜를 구하는 기도

그러므로 나는 할 수 있는 대로 로마에 있는 너희에게도 복음
전하기를 원하노라 (로마서 1:15)

우리를 소망으로 인도하시는 하나님,

오늘도 믿음으로 승리하게 하시니 감사합니다. 이 시간 영적
으로 혼미한 저희들에게 찾아오셔서 강한 팔로 붙들어 주시옵
소서. 나의 육신과 나의 마음이 오직 살아 계신 하나님의 영이
신 성령의 지배를 받기를 원합니다. 성령의 지배를 받은 내 영
혼이 성령의 음성을 듣고 순종하며 행할 수 있도록 도와 주시
옵소서. 사탄의 음성들은 미리 막아주시고 특별히 내 생각과
마음과 입술에 주님의 보혈과 영광의 빛과 성령의 불로 붙들어
주시사 십자가의 보혈로 승리하게 하여 주시옵소서.

사랑의 하나님, 우리 가정을 축복하여 주시사 주님의 능력이
흐르게 하시고 영적전투에서 대장 되신 예수님만 따르는 믿음
의 가정이 되게 하여 주시옵소서.

오늘 하루도 악한 세력들이 침투하지 못하게 하시고 악한 세
속적인 생각이나 세력들이 생각과 마음에 영향을 끼치지 못하

도록 지켜 주시옵소서. 능력이 많으신 예수 그리스도의 이름으로 기도합니다. 아멘

긍정의 한마디

햇빛은 달콤하고, 비는 상쾌하고, 바람은 시원하며, 눈은 기분을 들뜨게 만든다. 세상에 나쁜날씨란 없다. 서로 다른 종류의 좋은 날씨만 있을 뿐이다. _ 존 러스킨

8. 직장에서 담대함을 구하는 기도

또 내가 그리스도의 이름을 부르는 곳에는 복음을 전하지 않기를
힘썼노니 이는 남의 터 위에 건축하지 아니하려 함이라 (로마서 15:20)

우리를 소망으로 인도하시는 하나님,

우리에게 일터를 주신 것을 감사합니다. 직장의 동료들과 함
께 일할 수 있게 하여 주심을 감사합니다. 이렇게 일할 수 있는
건강을 주신 것을 감사합니다. 오늘도 일자리가 없어 직장을
찾아다니는 무직자들을 기억하게 하여 주시옵소서. 세계의 경
제와 한국의 경제가 부흥하고 발전하여 실직자들이 복직하고,
무직자들이 직장을 얻을 수 있기를 기도합니다.

저들을 대신하여 일터에서 일하고 있음을 알고 책임 있게 일
하게 하여 주시옵소서. 내가 이렇게 일할 수 있도록 뒷바라지
를 아끼지 않는 우리 가정을 주신 것을 감사합니다. 그리고 우
리 가정 모두, 각각 자기의 맡은 일을 열심히 하게 하여 주시옵
소서.

사랑하는 주님, 지금 내가 하는 일이 직장에 보탬이 되고 도
움이 되게 하시며, 인류와 세계에 공헌하는 일이 되게 하여 주

시옵소서. 항상 감사하며 즐거운 마음으로 성실히 일하게 하여 주시옵소서. 일할 때 열심히 일하고 쉴 때에 충분히 쉬고, 잠을 주실 때 단 잠을 자게하여 주시옵소서. 오늘도 일하게 하여 주심을 감사하오며 사랑과 은혜가 많으신 예수님의 이름으로 기도합니다. 아멘.

긍정의 한마디

결정을 내릴 때, 가장 좋은 선택을 올바른 일을 하는 것이다. 그 다음으로 좋은 선택은 잘못된 일을 하는 것이다. 가장 안 좋은 선택은 아무것도 안하는 것이다. _시어도어 루스벨트

9. 직장에서 인내를 구하는 기도

그리스도께서 나를 보내심은 세례를 베풀게 하려 하심이 아니요
오직 복음을 전하게 하려 하심이로되 말의 지혜로 하지 아니함은
그리스도의 십자가가 헛되지 않게 하려 함이라 (고린도전서 1:17)

사랑이 많으신 하나님,

오늘 까지 저희를 인도해 주시니 감사합니다. 연약한 저희들을 붙잡아 주시사 오늘도 직장에서 일하게 하시고 맡겨진 일들을 잘 감당케 하시니 감사를 드립니다. 함께 일하는 동료들을 위해서 기도합니다. 저희들이 직장에서 일할 때에 삶의 현장에서 땀 흘리는 노력이 헛되지 않도록 지켜 주시옵소서.

구조 악으로 인해 어려움을 당하지 않도록 하시고 노동의 열매가 풍성하게 하여 주시옵소서. 어렵고 힘든 일이 있어도 내 일을 바라보며 용기와 희망을 잃지 않게 하시며 하나님께서 믿음을 가지고 성실하게 일하는 사람을 반드시 보호하신다는 사실을 알게 하여 주시옵소서. 농부가 인내를 갖고 풍성한 열매를 기다리는 것처럼, 현재의 어려움을 극복하며 일하게 하여 주시옵소서. 끝까지 참고 인내하는 믿음도 주시고 지혜도 주시어서 맡겨진 일을 잘 감당하여 인정받는 직장인으로 사용하여

주시옵소서.

　오늘 저에게 건강을 지켜 주시어서 강건하게 하시고 활동 할 때 몸이 불편하지 않도록 지켜 주시옵소서. 사랑과 은혜가 많으신 예수님의 이름으로 기도합니다. 아멘.

긍정의 한마디

우리 중 약 95%의 사람은 자신의 인생 목표를 글로 기록한 적이 없다. 그러나 글로 기록한 적이 있는 5%의 사람들 중 95%가 자신의 목표를 성취했다.

_ 존 맥스웰

10. 직장에서 재능을 구하는 기도

내가 복음을 전할지라도 자랑할 것이 없음은 내가 부득불 할
일임이라 만일 복음을 전하지 아니하면 내게 화가 있을 것이로다
(고린도전서 9:16)

사랑이 많으신 하나님,

하나님의 은혜를 감사를 드립니다. 저희에게 주님의 형상을
따르게 만드시고 은사와 재능을 주시고 일할 수 있는 직장을
주심을 감사드립니다. 오늘도 출근하여 주님의 뜻을 따라서 매
일의 노동을 새롭게 하는 상상력을 더하여 주시니 감사합니다.
직장 생활이 자신을 충족하는 일에 머물지 않고 주님을 사랑하
시는 세상과 이웃을 위해 일이 사용될 수 있도록 인도하여 주
시옵소서.

일에 매이고, 생존에 매이는 현실이지만 주님 안에서 자유로
운 자로 오늘을 살 수 있도록 이끌어 주시옵소서. 그래서 자신
의 한계와 두려움을 넘어 일터에서도 주님의 이끄심과 동행하
심 안에서 새로운 걸음을 내딛을 수 있도록 축복해 주시옵소
서.

오늘도 일터에서 기도로 시작하는 하루하루를 축복하여 주

시옵소서. 깨어지고 어그러진 세상 속에서, 수많은 모순과 죽음이 난무하는 현실 속에서, 하나님을 바라보며 날마다 새로워질 수 있게 하여 주시옵소서. 사랑과 은혜가 많으신 예수 그리스도의 이름으로 기도합니다. 아멘.

긍정의 한마디

헤아릴 수 없는 반대와 패배를 직면해서도 그 장애를 극복해 보이려는 결심이 필요하다. _루스벨트

11. 직장에서 동행을 구하는 기도

내게 주신 하나님의 은혜의 선물을 따라 내가 일꾼이 되었노라
(에베소서 3:7)

우리를 사랑하시고 인도하신 하나님,

부족한 종을 직장에 출근하여 일하게 하여 주심을 감사드립니다. 기도를 들으시고 응답하시며, 성경을 선물로 주셔서 우리 인간의 언어로 주님의 뜻과 계획을 알려주시니 감사합니다.

사랑의 주님, 분주하고 정신없는 일상과 수많은 과제들이 아우성치는 삶의 현장 속에서, 주님의 세미한 음성을 들으며, 주님의 뜻과 계획안에서 주님이 베푸시는 은혜로 살게하여 주시옵소서.

사랑의 주님, 보냄 받은 현장 속에서 함께 동행하는 친구들과 성령께서 하나 되게 하시니 감사합니다. 마음과 마음으로 함께 할 수 있도록 우리를 붙들어 주시옵소서.

깨어지고 부서진 세상 속에서 주님과 동행하며 또 서로 동행함으로 놀라운 하나님 나라를 누리고 나누며 살 수 있게 하여 주시옵소서. 서로 격려하며 위로하며 축복하며 살게하여 주시

옵소서.

　우리를 사랑하시는 예수님의 이름으로 기도합니다. 아멘.

긍정의 한마디

　모든 사람들의 마음속에는 좋은 소식이 있다. 바로 자기 자신이 얼마나 위대해질 수 있는지, 얼마나 많은 사랑을 베풀 수 있는지, 얼마나 많은 것들을 이룩할 수 있는지, 잠재력이 얼마나 큰지 모를 만큼 한계가 없다는 것이다. _ 안네 프랑크

12. 직장에서 자신의 성장을 구하는 기도

우리가 시작할 때에 확신한 것을 끝까지 견고히 잡고 있으면
그리스도와 함께 참여한 자가 되리라 (히브리서 3:14)

우리를 소망으로 인도하시는 하나님,

부족한 저에게 귀한 직장을 주신 것을 감사합니다. 내게 맡겨진 일은 하나님께서 맡겨주신 일임을 믿습니다. 그러므로 하나님께 영광되고, 하나님께서 기뻐하시는 일을 하게 하시고, 하나님의 뜻대로 하게 하여 주시옵소서. 믿음이 없이는 하나님을 기쁘시게 못한다 하였사오니 무슨 일을 하던지 믿음으로 하게 하여 주시옵소서.

사랑의 하나님,

맡겨진 일터에서 성실함과 탁월함으로 하나님께 영광 돌리며 사랑과 섬김으로 그리스도를 나타내게 해 주시옵소서. 어떤 어려움 속에서도 극복할 수 있는 지혜를 주시고 용기와 희망을 잃지 않도록 주님이 붙잡아 주시옵소서. 나의 하는 일이 우리 공동체에 발전되기를 간절히 원하며 사랑과 은혜가 많으신 예수님의 이름으로 기도합니다. 아멘.

긍정의 한마디

적을 이긴 것을 용기라고 생각지 마라. 진정한 용기는 자신의 정욕을 이길 때 비로소 일컬어질 수 있다. _프라온

13. 직장에서 관계회복을 위하는 기도

하나님이여 주께서 우리를 버려 흩으셨고 분노하셨사오나 지금은
우리를 회복시키소서 (시편 60:1)

사랑이 많으신 하나님,

우리의 일생 동안 사람들 안에서 살면서 사랑하고 섬기는 일
이 또한 소명인 것을 고백합니다. 인생의 여정 가운데 짧든지,
길든지 함께 알아가고 만나는 이들에게 주님의 사랑과 복음을
나누게 하시니 감사합니다. 주님이 우리에게 그러했듯이 이 사
람들을 참 인격으로 대하고 성실함과 섬김으로 만나갈 수 있도
록 우리를 매일매일 붙들어 주시옵소서. 한 사람 한 사람을 사
랑하셔서 십자가를 지신 주님의 그 사랑을 품고 일상 속에서
사랑하고 그 존엄성을 회복하는 일을 위해 우리가 사용될 수
있도록 이끌어 주시옵소서.

가정에서, 일터에서, 사회의 곳곳에서 우리가 만나고 관계를
맺고 있는 이들에게 사랑과 섬김으로 행할 수 있도록 도와 주
시옵소서. 사람이 사람답게 대우받지 못하는 부조리한 현실을
바꿔갈 수 있도록 우리를 구비하여 주시고 우리와 함께 행하여

주시옵소서.

　오늘도 사람들 속에서 주님의 얼굴을 만납니다. 주님을 만나고 대하듯 사람들을 만나가렵니다. 보냄 받은 사람으로 살게하여 주시옵소서. 사랑과 은혜가 많으신 예수 그리스도의 이름으로 기도합니다. 아멘.

긍정의 한마디

악착스레 모은 돈이나 재산은 그 누구의 마음에도 남지 않지만 숨은 적선, 진실한 충고, 따뜻한 격려의 말 같은 것은 언제까지나 남게 된다. _ 미우라 아야코

14. 직장에서 피곤할 때 하는 기도

그는 곤고한 자의 곤고를 멸시하거나 싫어하지 아니하시며 그의
얼굴을 그에게서 숨기지 아니하시고 그가 울부짖을 때에 들으셨도다
(시편 22:24)

우리를 소망으로 인도하시는 하나님,

우리의 피로함을 주님께 고백합니다. 피로함을 느낄 때마다
한계를 가진 인간으로서 자신을 돌아보고 주님 앞에 겸손히 나
아가게 됩니다.

사랑의 주님, 더 많이 얻고 더 많이 일하고자 하는 욕망으로
인해 강박과 자기 착취로 피로한 우리를 불쌍히 여겨 주시옵
소서. 쉬고 누리고 놀고 안식해야 할 때, 주님이 주시는 평안
안에서 행하고 회복될 수 있도록 이끌어 주시옵소서. 충만한
기쁨과 열정 가운데 남김없이 일하고, 즐거운 피로함으로 감사
하면서 일의 결과를 맡겨 드리는 자유를 허락해 주시옵소서.
곤고한 몸으로 일터로 나아가며 쉴 틈 조차 없이 쌓여가는 피
로를 감당해야 하는 이들도 많습니다.

수고하고 무거운 짐 진 자들의 안식이 되시는 주님, 우리 이
웃들의 지친 어깨를 어루만져 주시옵소서.

사랑의 주님, 쉼과 안식이 있는 일터가 될 수 있도록, 그래서 일하는 이들이 보다 인간답게 살 수 있도록 우리 사회를 고쳐 주시옵소서. 이 일을 위해 애쓰고 힘을 모을 때 주님의 정의가 온전히 드러나게 하여 주시옵소서. 오늘도 피로함 가운데 기도합니다. 우리의 무력함을 온전히 고백합니다. 용기와 힘을 주시어서 새풀처럼 일어나게 하여 주옵소서. 사랑과 은혜가 많으신 예수님의 이름으로 기도합니다. 아멘.

긍정의 한마디

희망은 밝고 환한 양초 불빛처럼 우리 인생의 행로를 장식하고 용기를 준다. 밤의 어둠이 짙을수록 그 빛은 더욱 밝다. _올리버 골드스미스

15. 직장에서 몸이 아플 때 기도

너희 중에 병든 자가 있느냐 그는 교회의 장로들을 청할 것이요 그들은 주의 이름으로 기름을 바르며 그를 위하여 기도할지니라 믿음의 기도는 병든 자를 구원하리니 주께서 그를 일으키시리라 혹시 죄를 범하였을지라도 사하심을 받으리라 (야고보서 5:14-15)

우리의 창조자 되신 하나님,

죄와 허물로 인하여 아픔과 질병이 들어왔으나 우리 주님의 십자가와 부활로 인하여 회복의 소망을 주심을 감사드립니다. 질병으로 인하여 아픔과 고통이 있을 때 치유의 손길을 베푸셔서 속히 회복되게 하여 주시옵소서. 온전한 몸과 마음으로 주님을 섬길 수 있도록 이끌어 주시옵소서.

그러나 주님, 질병 가운데에서도 인내와 성숙을, 어떤 상황에서도 자족하는 마음을, 주님을 신뢰하고 감사하는 기쁨을, 나를 넘어서는 연단을, 다른 사람들을 위로하는 연민의 능력을 부족한 종에게 허락하여 주시옵소서. 무엇보다도 창조주이신 하나님을 많이 알게 하시고 더욱더 주님을 닮아가는 믿음의 사람이 되게 하여 주시옵소서. 우리를 치유하시는 하나님 아버지를 더욱 깊이 알아가게 하여 주시옵소서. 그리하여 몸과 마음이 깨끗하게 나아서 건강하도록 은혜 베풀어 주시옵소서.

나는 너를 치료하는 하나님이 라고 하였사오니 치료하시는 하나님께서 이 시간 나의 연약함을 깨끗하게 고쳐 주시옵소서 우리를 치유하시는 예수님의 이름으로 기도합니다. 아멘

긍정의 한마디

용기가 없는 사람에게는 어떤 좋은 것도 생기지 않는다.

_마르쿠스 아우렐리우스

16. 직장에서 회식을 할 때 기도

날마다 마음을 같이하여 성전에 모이기를 힘쓰고 집에서 떡을 떼며 기쁨과 순전한 마음으로 음식을 먹고 하나님을 찬미하며 또 온 백성에게 칭송을 받으니 주께서 구원 받는 사람을 날마다 더하게 하시니라 (사도행전 2:46)

우리를 소망으로 인도하시는 하나님,

우리를 직장 가운데 보내주시고 함께 일하는 동료들을 만나게 하여 주신 주님께 감사합니다. 또한 동료들과 함께 공동체를 이루며 땀 흘리며 일한 뒤에 회포를 푸는 즐거운 회식자리를 허락하여 주셔서 감사합니다.

사랑의 주님,

저희들이 직장생활 할 때, 신자와 불신자로 나누어 판단하려는 마음을 고쳐 주시고 먼저 잘 어울릴 수 있도록 우리의 마음을 바꾸어 주시옵소서. 함께 하면서 음식을 나누고 진실하게 마음을 나누고 즐거움을 나눌 수 있는 우리가 되게 하여 주시고, 술을 마시지 않는 것으로 그리스도인 됨을 드러내는 것이 아니라, 일터에서의 성실함과 탁월함과 정직함으로 하나님께 영광을 돌리며, 사랑과 섬김으로 그리스도를 나타나게 하여 주시옵소서. 술이 아니라 모인 이들의 마음을 헤아리고 하나 되게 하는 일에 힘쓰게 하여 주시되, 퇴폐와 향락에 대해서는 단호히 거부할 수 있는 용기를 주시옵소서.

더 나아가 술과 어두움의 문화가 공동체를 주관하지 못하도록 좋은 대안적 모임을 만들어 가는 지혜도 허락하여 주시고, 이 일에 좋은 동역자들을 보내어 주시옵소서. 사랑과 은혜가 많으신 예수 그리스도의 이름으로 기도합니다. 아멘

긍정의 한마디

할 수 없는 것이 할 수 있는 것을 방해하지 못하도록 하라. _존 우든

17. 직장에서 일터를 위한 기도

그것이 네가 다닐 때에 너를 인도하며 네가 잘 때에 너를 보호하며
네가 깰 때에 너와 더불어 말하리니 대저 명령은 등불이요 법은
빛이요 훈계의 책망은 곧 생명의 길이라 (잠언 6:22-23)

우리를 인도하시는 하나님,

오늘도 일하다가 사랑하는 주님께 기도드립니다. 날마다 직
장에서 일 할때에 저희들에게 힘과 용기를 주시어서 지혜롭게
하시고, 다른 사람들보다 앞서 가는 명철과 능력을 더하여 주
시옵소서. 때때로 직장생활하면서 승진이 누락되어서 뒤처지
지 않게 하시고, 건강이 약해서 쓰러지지 않도록 붙들어 주시
옵소서.

사랑의 주님.

때로는 짜증스럽고 힘들어서 우리 안의 이기심과 분노가 드
러나고 죄된 본성으로 사람들을 대하는 모습이 있습니다. 우리
를 성숙하게 하여 주서서 사람들과 부대끼는 그곳에서, 아무도
나를 알지 못하는 공간에서도 온전히 주님 앞에서 성실하게 하
여 주시옵소서. 또한 출퇴근하는 동안에도 끝없이 생산성을 추
구하는 모습이 아니라 주님께서 주시는 신비로운 통찰을 묵상

하며 이웃들의 삶에 관심을 가지고 세상을 품을 수 있는 그리스도인이 되게 하여 주시옵소서. 우리를 부르시고 일하게 하셨사오니 보냄 받은 모든 영역에서 주께 하듯 하며 일하는 주님을 생각하면서 묵상하는 시간이 되게 하시고 성령이 함께 하는 직장생활이 되게 하여 주시옵소서. 그리하여 주님의 영광을 드러내는 직장생활이 되게 하여 주시옵소서. 사랑과 은혜가 많으신 예수 그리스도의 이름으로 기도합니다. 아멘

긍정의 한마디

칭찬 속에서 자란 아이는 감사할 줄 안다. _도로시로 놀트

18. 직장에서 동료와 관계 회복을 위한 기도

여호와께서 온갖 것을 그 쓰임에 적당하게 지으셨나니 악인도 악한
날에 적당하게 하셨느니라 사람이 마음으로 자기의 길을 계획할지라도
그의 걸음을 인도하시는 이는 여호와시니라 (잠언 1:4, 9)

사랑이 많으신 하나님,

우리를 직장 가운데 보내시고 일과 사람들과의 관계 속에서
일하게 하시니 감사합니다. 우리의 마음을 변화시켜 주셔서 교
회 안에서 만나는 형제 자매들과의 관계에만 치중하지 않고 직
장에서 매일 만나는 동료들과의 관계에 헌신할 수 있도록 도와
주시옵소서. 직장동료들과 서로 좋은 관계를 유지하게 하시고
함께 서로의 관심을 표현하며 즐거운 시간을 보내게 하옵소서.

직장 동료들을 전도 대상자가 아니라 참으로 사랑하는 사람
들로 여기고 진실하게 대하게 하시고 그러한 가운데 성령님의
인도하심과 지혜안에서 복음을 나눌 수 있도록 인도하여 주시
옵소서. 비방과 경쟁이 난무하는 직장 가운데 화해와 감사의
문화를 만들어 갈 수 있도록 깨어 있게 하시고 용기를 허락해
주시옵소서.

또한 적대적인 사람들을 만나더라도 악을 악으로 갚지 않고

선으로 악을 이기는 복음의 능력 안에서 살 수 있도록 하여 주서서 오히려 이를 통해 주님의 사랑과 은혜를 삶으로 드러낼 수 있도록 지켜 주시옵소서. 늘 주님께 순종하며 주께 하듯 사람들에게 성숙한 모습으로 대할 수 있도록 이끌어 주시옵소서. 사랑과 은혜가 많으신 예수님의 이름으로 기도합니다. 아멘

긍정의 한마디

많은 사람들이 가지고 있는 가장 큰 문제는 자신을 충분히 믿지 않는다는 것이다. 우리는 우리의 힘을 깨닫지 못한다. 사람은 원래 노예가 아니라 정복자처럼 행동하도록 만들어졌다. 즉 실패가 아닌 성공을 하도록 만들어졌다. _ 프랭크 월워스

19. 직장에서 회의가 들 때 기도

> 다니엘이 이 조서에 왕의 도장이 찍힌 것을 알고도 자기 집에
> 돌아가서는 윗방에 올라가 예루살렘으로 향한 창문을 열고 전에
> 하던 대로 하루 세 번씩 무릎을 꿇고 기도하며 그의 하나님께
> 감사하였더라 (다니엘 6:10)

사랑이 많으신 하나님,

우리를 부르시고 일터로 보내주시는 하나님 감사를 드립니다. 오늘도 직장에 출근하게 하시고 일할 수 있도록 은혜 주심을 감사합니다. 하지만 직장생활이 너무 많은 업무로 인하여 회의감이 들며 짜증스러울 때가 많습니다. 범사에 감사하라고 하였는데 마음속에 원망과 불평이 날 때가 많습니다. 이 시간 부족한 종을 긍휼히 여기사 마음과 생각을 새롭게 하여 주시옵소서.

직장생활을 기쁨으로 할 수 있도록 에너지도 주시고 역동적인 힘도 주시어서 감사가 내안에 흐르게 하여 주시옵소서. 우리를 사랑하시는 주님, 부족한 종은 너무 많은 업무와 스트레스로 인하여 고통과 괴로움도 고백하지 않을 수 없습니다. 과도한 업무와 반복적이고 무의미해 보이는 일들, 그리고 끝임

없이 계속되는 과업들로 인해 지치고 소진되곤 하는 우리의 모습을 고백합니다. 동료와 고객들, 그리고 무엇보다 직장 상사로 인해 스트레스를 받고 직장 생활 자체에 회의가 생기기도 합니다.

사랑의 주님, 매일 반복적인 생활 속에서 삶 자체의 의미를 묻는 고민을 하게 되기도 합니다. 이때에 창조적인 힘을 주시어서 불평과 회의감을 잘 극복 할 수 있도록 마음과 생각을 지켜 주시옵소서. 항상 기뻐하라고 하였사오니 감사하면서 일하게 하여 주시옵소서. 사랑과 은혜가 많으신 예수님의 이름으로 기도합니다. 아멘

긍정의 한마디

결정을 내릴 때, 가장 좋은 선택을 올바른 일을 하는 것이다. 그 다음으로 좋은 선택은 잘못된 일을 하는 것이다. 가장 안 좋은 선택은 아무것도 안하는 것이다. _시어도어 루스벨트

20. 직장에 불안이 찾아올 때 기도

너희가 모든 일에 넉넉하여 너그럽게 연보를 함은 그들이 우리로
말미암아 하나님께 감사하게 하는 것이라 이 봉사의 직무가 성도들의
부족한 것을 보충할 뿐 아니라 사람들이 하나님께 드리는 많은
감사로 말미암아 넘쳤느니라 (고린도후서 9:11-12)

오늘도 살아계셔서 역사하시는 하나님,
직장 생활 가운데 회의가 밀려오고 한없이 지칠 때 우리와
동행하여 주시옵소서. 소명과 의미를 붙들고 시작한 직장 속에
서 그 소명이 상실되어서 불안과 걱정이 많습니다. 이 시간 찾
아오시어서 부족한 종의 마음을 붙들어 주시고, 만나주시옵소
서. 생계의 문제로 쉴 수 있는 여유조차 제대로 보장되지 않는
이 땅의 수많은 직장인들을 긍휼히 여겨 주시옵소서. 부당하고
억압적인 직장, 소진시키는 직장, 일하는 이들의 직장의 환경
이 바뀔 수 있도록 이끌어 주시고, 이를 위해 지혜롭게 행하는
일꾼들이 많아지게 하여 주시옵소서.
때로는 직장을 떠나야 할 때를 잘 분별할 수 있게 하여 주시
고, 어떤 결정을 할 때 저희에게 새로운 길을 열어주시옵소서.
그리고 우리 삶을 주관하시는 주님께서 연약한 종들에게 자유

와 평안을 더하여 주시옵소서.

　직장과 노동 환경을 바로 세워가는 이들의 땀과 눈물을 기억하여 주시고, 직장 가운데 하나님 나라의 모습이 온전히 드러나도록 일꾼들이 많이 나오게 하여 주시옵소서. 우리 구주 예수 그리스도의 이름으로 기도합니다. 아멘.

긍정의 한마디

인내하라. 경험하라. 조심하라. 그리고 희망을 가져라. _조셉 에디슨